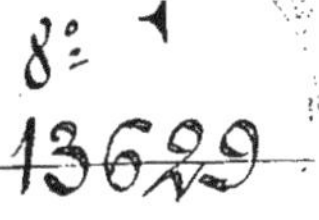

UNIVERSITÉ DE PARIS. — FACULTÉ DE DROIT

L'INCONSTITUTIONNALITÉ
DES LOIS
AUX ÉTATS-UNIS

THÈSE POUR LE DOCTORAT

L'ACTE PUBLIC SUR LES MATIÈRES CI-APRÈS

Sera soutenu le mardi 28 novembre 1899, à 2 h. 1/2

PAR

ANDRÉ LE BRUN

Président : M. CHAVEGRIN.

Suffragants : { MM. WEISS, LARNAUDE, } *Professeurs.*

PARIS

LIBRAIRIE NOUVELLE DE DROIT ET DE JURISPRUDENCE

ARTHUR ROUSSEAU, ÉDITEUR

14, RUE SOUFFLOT ET RUE TOULLIER, 13

1899

THÈSE

POUR LE DOCTORAT

L'INCONSTITUTIONNALITÉ DES LOIS AUX ÉTATS-UNIS

THÈSE POUR LE DOCTORAT

L'ACTE PUBLIC SUR LES MATIÈRES CI-APRÈS

Sera soutenu le mardi 28 novembre 1899, à 2 h. 1/2

PAR

André LE BRUN

Président : M. CHAVEGRIN.
Suffragants : { MM. WEISS, LARNAUDE, } *Professeurs.*

PARIS

LIBRAIRIE NOUVELLE DE DROIT ET DE JURISPRUDENCE

ARTHUR ROUSSEAU, ÉDITEUR

14, RUE SOUFFLOT ET RUE TOULLIER, 13

1899

L'INCONSTITUTIONNALITÉ DES LOIS

AUX ÉTATS-UNIS

INTRODUCTION

Beaucoup de pays admettent la supériorité des lois constitutionnelles sur la législation ordinaire ; ce sont par
exemple : la France, les États-Unis, l'Allemagne, la
Suisse, l'Espagne et tous les États de l'Amérique du
Sud.

Dès lors qu'une semblable distinction existe la loi
ordinaire peut se trouver en contradiction avec la loi constitutionnelle, et la supériorité de celle-ci met en question
dans ce cas la validité de la première.

Dans d'autres pays, moins nombreux, le principe de la
supériorité de la loi constitutionnelle sur la loi ordinaire
n'est pas admis ; aucune distinction n'est faite au point de
vue de leur autorité entre les deux ordres de lois (1). Ce
sont par exemple : l'Angleterre, l'Italie, la Prusse, la
Hongrie, le Grand-Duché de Mecklembourg, c'était la

---

(1) Il se peut qu'une distinction soit faite entre eux à d'autres points
de vue, comme en Prusse par exemple où il existe une différence
dans le vote de ces lois.

France sous la Charte de 1830. Dans ces pays, il n'y a jamais lieu de rechercher si une loi est inconstitutionnelle ; le législateur est tout-puissant et a tout pouvoir ; la Constitution n'apporte à sa compétence aucune limitation. Cette idée, les jurisconsultes anglais la traduisent dans cette formule énergique : le Parlement peut tout sauf changer un homme en femme.

Dans les pays qui admettent la supériorité de la loi constitutionnelle sur la loi ordinaire une double difficulté doit être résolue : d'une part, quelle est l'autorité qui sera chargée d'assurer la sanction du principe, de déclarer la loi inconstitutionnelle, et, d'autre part, quel sera l'effet de cette déclaration d'inconstitutionnalité de la loi.

Dans tous les pays où la question se pose elle présente un grand intérêt pratique. Le maintien des dispositions constitutionnelles, le respect des restrictions imposées au pouvoir du législateur sont toujours une garantie de la liberté d'un peuple ; cela est bien plus vrai encore quand, parmi les articles constitutionnels, il s'en trouve qui assurent au citoyen la jouissance de certains droits individuels.

Tous les peuples en effet qui ont une défiance pour leur législature insèrent leurs droits essentiels dans leur Constitution. Mais, tandis que les uns se contentent de les proclamer solennellement dans une déclaration de principes, sans en imposer autrement le respect au législateur, d'autres en font l'objet de véritables articles de leur Constitution et confèrent aux droits ainsi garantis la force qui est propre aux dispositions constitutionnelles.

Tandis que la déclaration des droits ne peut avoir qu'un effet moral, puisqu'elle ne comporte pas de sanction, la garantie des droits au contraire, en plaçant ces derniers dans un domaine inviolable, hors de l'atteinte du législateur, assure à l'individu la protection la plus efficace contre le despotisme des Assemblées ; elle fait de ces droits une réalité et, très logiquement, double ainsi d'une puissance effective la force abstraite qu'on leur accorde dans tous les pays libres.

Le type des Constitutions garantissant les droits individuels est la Constitution des États-Unis. Elle contient une longue énumération de ces droits qu'elle défend au Congrès ou aux législatures d'État de violer. Une étude rapide du texte sur ce point montrera que les libertés les plus essentielles y sont garanties à l'*individu*.

En ce qui concerne la *sûreté*, la constitution contient des règles relatives au droit à la vie, à l'inviolabilité du domicile, aux garanties dans les procès :

« Un État, dit le 14ᵉ amendement, ne pourra promulguer ni faire exécuter aucune loi qui restreigne les privilèges ou immunités des citoyens des États-Unis ; aucun État ne privera les individus de la vie, de la liberté ou de la propriété sans un procès régulier et légal, ni ne déniera aux citoyens qui sont sous sa juridiction la protection égale des lois (1). »

« Le droit des citoyens à la sûreté dans leurs personnes, maisons, papiers et effets contre des perquisitions et des saisies non fondées ne sera pas violé, et aucun mandat

---

(1) Amendement 14, sect. 1ʳᵒ. — No State shall make or enforce any law which shall abridge the privileges or immunities of citizens of the United States ; nor shall any State deprive any person of life, liberty or property without due process of law ; nor deny to any person within its jurisdiction the equal protection of the laws.

d'arrêt ne sera délivré, si ce n'est pour une cause vraisemblable affirmée par serment ou déclaration solennelle et à moins qu'il ne désigne nettement le lieu à perquisitionner et la personne et les choses à saisir (1). »

« Nul ne sera tenu de répondre d'un crime capital ou autre crime infamant, si ce n'est sur la dénonciation spontanée ou l'accusation d'un grand jury, sauf dans les cas qui s'élèvent dans les armées de terre ou de mer ou dans les milices en service effectif, en temps de guerre ou de danger public (2). »

De nombreuses dispositions se combinent dans la constitution pour assurer au citoyen les garanties nécessaires en justice. Après l'interdiction des arrestations arbitraires, citée plus haut, des règles minutieuses fixent la procédure devant les tribunaux, au point de vue des garanties dues à l'accusé :

« Dans toute poursuite criminelle, l'accusé aura droit à un procès public, rapide, par un jury impartial de l'État et district dans lesquels le crime aura été commis, lequel district aura été à l'avance déterminé par la loi ; il aura le droit d'être informé de la nature et de la cause de l'accu-

---

(1) Amend. 4. — The right of the people to be secure in their persons, houses, papers, and effects, and against unreasonable searches and seizures, shall not be violated, and no warrants shall issue, but upon probable cause, supported by oath or affirmation, and particularly describing the place to be searched and the persons or things to be seized.

(2) Amend. 5. — No person shall be held to answer for a capital, or otherwise infamous crime, unless on a presentment or indictement of a grand jury, except in cases arising in the land or naval forces or in the militia, when in actual service in time of war or public danger.

sation, d'être confronté avec les témoins à charge, d'avoir recours à la contrainte pour obtenir des témoins en sa faveur, et d'avoir l'assistance d'un avocat pour sa défense (1). »

« Le privilège de l'*habeas corpus* (2) ne sera pas suspendu, à moins qu'en cas de rébellion ou d'invasion la sûreté publique ne l'exige (3), l'accusé ne sera pas obligé de déposer contre lui-même, ne sera pas deux fois en danger pour la même offense (4). Aucune amende excessive ne sera imposée, ni aucun châtiment extraordinaire et cruel infligé » (5).

(1) Amend. 6. — « In all criminal prosecutions, the accused shall enjoy the right to a speedy and public trial, by an impartial jury of the state and district wherein the crime shall have been commited, which district shall have been previously ascertained by law ; and to be informed of the nature and cause of the accusation ; to be confronted with the witnesses against him ; to have compulsory process for obtaining witnesses in his favour, and to have the assistance of counsel for his defence.

(2) C'est le droit pour tout citoyen détenu de requérir sa comparution devant les juges pour que ceux-ci prononcent immédiatement sur la question de savoir s'il est détenu légalement et le renvoient, suivant les cas, en liberté avec ou sans caution, ou devant un tribunal pour être rapidement jugé. Ce droit, qui est la garantie essentielle sinon unique de la liberté individuelle a été réglementé, mais non accordé, aux citoyens anglais par le célèbre *Habeas Corpus act* de 1679. (§ 1, Par II, sect. II). Il fut consacré dans les colonies anglaises d'Amérique.

(3) Art. 1er, sect. 9. — The privilege of the writ of *Habeas Corpus* shall not be suspended, unless when in cases of rebellion or invasion the public safety may require it.

(4) Amend. 5. — ... nor shall any person be subject for the same offence to be twice put in jeopardy of life or limb ; nor shall be compelled in any criminal case to be a witness against himself.

(5) Amend. 8. — Excessive bail shall not be required, nor excessive fines imposed, nor cruel and unusual punishments inflicted.

La *liberté religieuse* est assurée par la disposition suivante : « Le Congrès ne fera aucune loi relative à l'établissement d'une religion ou pour en prohiber le libre exercice (1), et le serment religieux ne sera exigé pour aucune charge publique sous la constitution des États-Unis. »

La *propriété*, déjà protégée par une disposition citée plus haut, est encore défendue par la règle sur l'expropriation : « La propriété privée ne sera pas prise pour l'usage public sans une juste indemnité (2). » Celle-ci, relative aux contrats, se rattache au même principe : « Aucun État ne pourra passer de loi diminuant l'obligation des contrats (3). » Et si le Congrès n'a pas été placé sous la même prohibition, ce ne peut être, dit Walker (4), qu'une omission.

Enfin, en garantissant la *liberté de la parole et de la presse*, en disant que le peuple a le droit de *s'assembler* et de *pétitionner* pour obtenir le redressement de ses griefs (5), la Constitution complète la liste des droits individuels, qui sont ainsi presque tous énumérés dans le pacte fédéral. Et quand j'aurai ajouté qu'elle protège le citoyen contre les lois rétroactives, *ex post facto laws, bills d'attainder* (6), j'aurai terminé le tableau des garanties qu'elle assure à l'individu.

---

(1) Amend. Ier. — Congress shall make no law respecting an establishment of religion or prohibiting the free exercise thereof.

(2) Amend. 5. in fine. — ..... nor shall private property be taken for public use, without just compensation.

(3) Art. Ier, sect. 10.

(4) Introduction to American law, p. 191.

(5) Amend. Ier.

(6) Art. Ier, sect. 9 et 10.

Les citations qui précèdent suffisent à en montrer le nombre et l'importance.

Les droits individuels sont de même garantis dans la Constitution fédérale suisse. En France, ils l'ont été maintes fois, notamment dans les constitutions de 1791 (1), de 1793 (2), de l'an III (3), de l'an VIII (4), les Chartes de 1814 (5), de 1830 (6), la Constitution de 1848 (7), celle du 14 janvier 1852 (8), et celle du 21 mai 1870.

Nos lois constitutionnelles de 1875 ne font au contraire pas mention des droits individuels. Elles sont uniquement relatives aux rapports des pouvoirs publics, à des actes de gouvernement, convocation des Chambres, ajournement, dissolution. Cette absence de garantie des droits s'explique par les conditions dans lesquelles les lois constitutionnelles ont été votées. « C'est que la constitution de 1875 n'est point, dit M. Esmein (9), une œuvre théorique et systématique. » Elle a été élaborée dans un esprit éminemment pratique pour mettre fin à la confusion qui régnait alors dans le gouvernement ; ensemble de compro-

(1) Titre I, intitulé : Dispositions fondamentales garanties par la Constitution.

(2) Les derniers articles (122, 124) sont rangés sous la rubrique : garantie des droits.

(3) Dispositions générales.

(4) Dispositions générales.

(5) 12 premiers articles. Droit public des Français.

(6) 11 premiers articles.

(7) Chapitre ii. Droits des citoyens garantis par la Constitution.

(8) Ces deux dernières reconnaissent, confirment et garantissent les grands principes proclamés en 1789 et qui forment la base du droit public des Français.

(9) Eléments du Droit constitutionnel, p. 426.

mis et de transactions, elle ne contient que ce qui était nécessaire à ce résultat, ce qui fut jugé indispensable pour assurer le fonctionnement du gouvernement.

Si la distinction entre les dispositions constitutionnelles et la législation ordinaire présente un intérêt si grand qu'elle est même pour certains peuples une garantie de leurs droits essentiels, il importe avant tout qu'elle soit effective.

Il ne suffit pas en effet qu'il soit interdit au législateur de légiférer contrairement à la constitution, il faut que cette défense soit sanctionnée.

La nécessité de cette sanction a fait naître de nombreux systèmes théoriques ou pratiques.

Le premier système complet de ce genre, qui ne fut jamais que théorique, fut celui que proposa Sieyès dans son grand discours à la Convention du 2 thermidor an III. Il faisait ressortir cette idée qu'on n'avait pas tiré un parti suffisant de la distinction entre le pouvoir constituant et le pouvoir constitué ; que la conséquence pratique, et qu'on avait omise, de la séparation entre ces deux pouvoirs était la création d'une autorité compétente pour annuler les actes et les lois qui seraient contraires à la constitution. C'était un corps spécial, à qui il donnait le nom de jury, qui devait être chargé de faire respecter les dispositions constitutionnelles : « Je demande d'abord, disait-il, un jury de constitution ou, pour franciser un peu le mot de jury et le distinguer dans le son de celui de juré, une jurie constitutionnaire. C'est un véritable corps de représentants que je demande, avec mission spéciale de juger les réclamations contre toute atteinte qui serait portée à la constitution..... Voulez-vous donner une sauvegarde à la Constitution, un frein salutaire qui contienne chaque action représentative dans les bornes de sa procuration spéciale, établissez une jurie constitutionnaire (1). »

La jurie constitutionnaire était un corps politique et électif. Ses membres devaient être élus par la Convention et renouvelés par tiers chaque année parmi les membres sortants du Conseil des Anciens et du Conseil des Cinq-Cents. Sa fonction principale (2) était de déclarer nuls les actes inconstitutionnels, terme général qui comprenait les lois émanées du Corps législatif. Mais elle ne pouvait jamais prononcer de son propre mouvement : il fallait qu'elle fût saisie par une personne qui eût qualité pour réclamer son intervention. Sieyès accordait ce droit au Conseil des Anciens et au Conseil des Cinq-Cents ; il déclarait qu'il l'aurait volontiers reconnu au gouvernement organisé suivant ses propres principes ; il le donnait enfin aux particuliers en leur nom individuel (3). C'est certainement cette dernière disposition qui eût présenté le plus grand intérêt pratique, si la jurie constitutionnaire avait fonctionné.

Quant aux effets de la déclaration d'inconstitutionnalité par la jurie, c'était la cassation pure et simple de la loi

(1) *Réimpression de l'ancien Moniteur*, t. XXV, p. 293, 294, cité par M. Esmein, Eléments de Droit constitutionnel, p. 399. Sieyès disait encore, affirmant la nécessité de sanctionner les dispositions limitatives de la Constitution : « Une loi dont l'exécution n'est fondée que sur la bonne volonté est comme une maison dont les planchers reposeraient sur la tête de ceux qui l'habitent. »

(2) Elle en avait encore deux autres : elle formait une cour d'équité et était chargée de la revision des lois constitutionnelles. (Esmein, *Cours d'histoire du droit public français*. Paris, année 97-98).

(3) « Si le citoyen se croit plus libre en jouissant du droit de réclamation, rendons cet hommage à la liberté individuelle. »

inconstitutionnelle. « Les actes déclarés inconstitutionnels par le jury sont nuls et non avenus (1). »

Le système de Sieyès, d'abord reçu favorablement par la Convention, fut plus tard repoussé à l'unanimité (2) et resta par suite dans le domaine de la théorie. Mais son principe fut conservé et quelques-uns de ses traits particuliers passèrent dans des systèmes qui reçurent une application pratique.

Ce fut d'abord le Sénat conservateur de la Constitution de l'an VIII. L'une de ses fonctions (3) était de défendre la Constitution. « Il maintient ou annule tous les actes qui lui sont déférés comme inconstitutionnels par le Tribunat ou par le Gouvernement » (4). « C'est une cour de Cassation politique. Il n'agit pas, n'ordonne pas, mais, devant lui, le Conseil d'État et le Tribunat se pourvoient quand l'un de ces Corps juge que le Corps légistatif a rendu un jugement non conforme à la Constitution » (5), et une loi n'est valable avant un certain délai que sauf recours à ce tribunal. C'est ce que disait l'art. 37 (titre III) : « Tout décret du Corps législatif, le dixième jour après son émission, est promulgué par le Premier Consul, à moins que dans ce délai il n'y ait eu recours au Sénat pour

(1) « Je considère le jury constitutionnaire comme tribunal de Cassation dans l'ordre constitutionnel. » *Réimp. du Moniteur*, XXV, p. 442.

(2) *Réimp. du Moniteur*, XXV, p. 484, 487, 492.

(3) C'est lui qui élisait les législateurs, les tribuns, les consuls, les juges de Cassation et les commissaires à la comptabilité sur les listes faites dans les départements (titre II, art. 20).

(4) Titre II, art. 21.

(5) L. Duguit. *Les constitutions et les principales lois politiques de la France depuis 1789*, p. LXIX.

cause d'inconstitutionnalité. Ce recours n'a point lieu contre les lois promulguées ». Les simples particuliers, dans ce système, n'avaient aucun moyen pour faire valoir l'inconstitutionnalité (1).

Le Sénat conserva cette fonction sous le Consulat à vie et sous l'Empire. Le sénatus-consulte du 28 floréal an XII, dont l'art. 70 (2) consacrait ce système, faisait de plus du Sénat (art. 68-68) le gardien de la liberté individuelle et de la liberté de la presse.

Le système de l'annulation des lois inconstitutionnelles sortit ainsi du domaine de la théorie ; mais il n'y a pas d'exemple cependant qu'il ait jamais fonctionné. D'ailleurs, le Tribunat ayant été supprimé en 1807, personne n'eut plus, dès lors, qualité pour demander au Sénat la cassation d'une loi inconstitutionnelle, sauf le Gouvernement à qui appartenait seul la proposition des lois.

Le second Empire reprit cette combinaison. La Constitution du 14 janvier 1852 faisait du Sénat, dans ses articles 25, 26 et 29, le gardien de la Constitution, comme le Sénat de l'an VIII, avec cette différence que son avis *devait* être demandé sur toute loi : « Le Sénat est le gardien du pacte fondamental et des libertés publiques. Aucune loi ne peut être promulguée avant de lui avoir été soumise (titre IV, art. 25). » « Le Sénat s'oppose à la promulgation : 1° des lois qui seraient contraires ou qui porteraient atteinte à la Constitution, à la religion, à la morale, à la liberté des cultes, à la liberté individuelle, à l'égalité des citoyens devant la loi, à l'inviolabilité de la

____

(1) Esmein, ouvrage cité, p. 399.

(2) « ..... sans préjudice de l'exécution des art. 21 et 37 de l'acte des constitutions de l'Empire, en date du 22 frimaire an VIII ».

propriété et au principe de l'inamovibilité de la magistrature ; 2° de celles qui pourraient compromettre la défense
du territoire. » (Titre IV, art. 26.)

Le Sénat maintient ou annule tous les actes qui lui sont
déférés comme inconstitutionnels par le gouvernement,
ou dénoncés, pour la même cause, par les pétitions des
citoyens (titre IV, art. 29).

Ce système n'empêcha pas la violation des dispositions
constitutionnelles, ainsi que le prouvent les lois du
9 juillet 1852 et du 17 février 1858 ou loi de sûreté
générale.

Plusieurs auteurs rappellent qu'un système à peu près
semblable existait autrefois en Aragon : les anciennes jus-
tices d'Aragon avaient le droit de déclarer nulles, de leur
propre initiative, les lois inconstitutionnelles. Ce droit leur
fut enlevé par crainte de la trop grande prépondérance
qu'il leur assurait.

Plus récemment, dans un des États d'Amérique, en
Pensylvanie, fonctionna, avant l'Union, un collège de
censeurs (1) qui se réunissait à certaines époques pour
connaître des infractions à la Constitution. La législature
refusa toujours de se soumettre et, les censeurs ayant
perdu leur force, l'institution tomba d'elle-même.

Mais il est enfin un système, en législation positive,
extrêmement efficace et qui mérite d'attirer l'attention :
c'est le système américain.

Ce n'est pas à un corps spécial comme la jurie constitutionnaire de Sieyès, par exemple, qu'est confiée la mission de déclarer l'inconstitutionnalité. C'est au pouvoir
judiciaire qu'elle revient, et celui-ci la remplit comme

____

(1) Council of censors. The federalist, n°s 78 et 50.

uné partie de ses fonctions ordinaires et de la même manière qu'il exerce ces fonctions.

Le pouvoir judiciaire n'attaque donc pas directement la loi comme le ferait précisément un corps spécial, comme le faisait en France le Sénat conservateur ; il attend qu'elle soit invoquée devant lui dans un litige entre particuliers, seul cas où peut s'exercer légitimement l'action du pouvoir judiciaire. Le tribunal valablement saisi peut alors refuser d'appliquer la loi invoquée devant lui, s'il la juge en contradiction avec une règle posée dans la constitution.

C'est ainsi que les Cours fédérales valablement saisies peuvent déclarer inconstitutionnelles et refuser d'appliquer les lois émanées du Congrès ou des législatures d'État ; que les tribunaux des États particuliers peuvent déclarer inconstitutionnelles et refuser d'appliquer les lois votées par leurs législatures.

Ce système original et simple se rencontre encore dans les États de l'Amérique du Sud (1), qui l'ont copié sur les États-Unis ; mais nulle part ailleurs on ne le trouve consacré. En France toutefois, où le système américain ne fonctionne pas, il a été préconisé par quelques auteurs, notamment par Saint-Girons (2) et Morizot-Thibault (3). Une opinion nouvelle s'est même fait jour, soutenue par

(1) Constitution mexicaine du 12 février 1857, art. 101 ; Constitution de la République argentine du 25 sept. 1860, art. 101 ; Constitution du Brésil du 24 fév. 1891, art. 59 § 1.

(2) Manuel de Droit constitutionnel, 1885, p. 579 et s.

(3) De l'organisation du pouvoir législatif dans la Constitution de l'an III, p. 69 et s. De la formation du pouvoir législatif dans la constitution des Etats-Unis d'Amérique. Acad. des Sciences morales et politiques, 1887, t. CXXVII, p. 222 et 252.

M. Hauriou, d'après laquelle les principes généraux du droit français suffiraient « à faire reconnaître dès maintenant à l'autorité judiciaire le droit d'examiner la loi au point de vue constitutionnel, avant d'en faire l'application » (1).

C'est ce système américain qui fait l'objet de mon étude.

Dans un premier chapitre, j'en rechercherai les origines.

J'en exposerai le fonctionnement dans un deuxième chapitre, en en étudiant d'abord les conditions, puis les effets.

L'examen des correctifs du système formera un troisième chapitre.

L'appréciation du système fournira la matière d'un quatrième et dernier chapitre.

---

(1) G. Jèze, Notions sur le contrôle des délibérations des Assemblées délibérantes, p. 34, note 1. Cette opinion, intéressante et très originale, n'a pas jusqu'ici rallié beaucoup de partisans. Elle ne repose pas sur des arguments bien solides.

CHAPITRE PREMIER

LES ORIGINES DU SYSTÈME

PREMIÈRE SECTION

ORIGINE HISTORIQUE

Le système américain n'a pas été tout entier imaginé par la Convention de Philadelphie, comme l'ont pensé beaucoup d'Européens. Tocqueville, pour ne citer qu'un nom, a certainement exagéré l'originalité des constituants. Leur vrai mérite fut d'appliquer, avec une adresse extraordinaire, les notions qu'ils avaient reçues aux circonstances nouvelles de la jeune République (1). Tout en rendant justice à leur haute sagesse, ce serait certainement un éloge exagéré que leur attribuer l'organisation d'un système qu'il eût été presque impossible de créer de toutes pièces.

Une institution qui s'adapte aussi parfaitement aux coutumes, à l'esprit d'un peuple, qui répond aussi complètement aux besoins d'une nation et résout si heureusement

(1) Dicey, Introduction to the study of the law of the Constitution, 5e édit. 1897, p. 155.

un problème ardu et nulle part ailleurs résolu, ne peut être l'œuvre que du temps et de la tradition.

La vérité, c'est que le système est né pour ainsi dire spontanément et s'est développé de lui-même. Trouvant en Amérique un milieu favorable à son fonctionnement, il y a peu à peu grandi en force et en extension. Avant d'être un organisme complet, presque parfait, il a suivi une évolution naturelle que je me propose d'exposer dans ce chapitre. La preuve bien certaine que ce n'est pas une création, c'est qu'aucun texte de la constitution ne consacre expressément le système. Le juge américain n'a fait que continuer la tradition.

I

Dans les colonies anglaises d'Amérique (1).

Le système américain existait en germe dans les colonies anglaises d'Amérique, qui formèrent plus tard les États-Unis ; on l'y rencontre déjà avec tous ses caractères essentiels, quoique moins développés. Ces colonies jouissaient d'une assez large indépendance, étaient soumises pour certaines matières seulement à l'autorité de la métropole, et pour les autres se dirigeaient elles-mêmes. L'étendue de leur autonomie dépendait des régimes sous lesquels elles vivaient et qui différaient un peu les uns des autres. On distinguait (la division a été faite par Blackstone) les gouvernements provinciaux, dont la constitution dépendait des commissions accordées par la cou-

(1) V. Stokes, History of the Colonies.

ronne au gouverneur et des instructions qui généralement accompagnaient ces commissions. Celles-ci nommaient un gouverneur, représentant du roi, et lui donnaient, entre autres pouvoirs, le droit de réunir une assemblée de « freeholders » et de planteurs (1). C'était l'assemblée provinciale, qui se composait du gouverneur, de son conseil et de la chambre des représentants, qui votait les lois et ordonnances, sujettes au *veto* de la couronne. Ces gouvernements provinciaux étaient : New-Hampshire, New-York, New Jersey, la Virginie, les Carolines et la Géorgie.

Les gouvernements de propriétaire (proprietary governments) étaient accordés à des individus en qualité de fiefs, avec cette condition expresse que rien ne fût fait ou tenté qui pût battre en brèche la souveraineté de la métropole. Le gouverneur était nommé par le propriétaire et les assemblées fonctionnaient sous leur autorité commune. Il n'y avait à l'époque de la révolution américaine que trois de ces gouvernements : Maryland, Pensylvanie et Delaware. Le premier seul était dispensé de l'autorisation du roi pour promulguer une loi (2).

Les gouvernements de charte (charter governments) se composaient d'un gouverneur nommé par le roi, d'une Assemblée générale (chambre des communes), d'un Conseil d'État (chambre haute). Le Parlement légiférait avec le concours du roi ou du gouverneur, son représentant. C'était Massachussetts, Rhode-Island et Connecticut.

La caractéristique de ces gouvernements était donc une assez large autonomie restreinte par les lois qui les ratta-

(1) Chalmers, Annals, 683.
(2) Chalmers, Annals, 203-607.

chaient à la métropole. C'est ainsi qu'ils avaient leurs
cours de justice indépendantes, mais dont les décisions
n'étaient cependant pas souveraines, car on pouvait appeler de la Cour coloniale au Conseil privé du Roi; c'est
ainsi qu'ils avaient des assemblées représentatives qui
légiféraient, mais sous le contrôle de la couronne, car le
roi pouvait y opposer son *veto*.

I. — Mais nulle part ce caractère d'autonomie restreinte
ne se rencontrait plus nettement que dans l'étendue même
des pouvoirs de ces assemblées. C'était la charte (commission, concession, ou charte proprement dite) qui, dans
chaque colonie, avait établi une législature et lui avait
donné le pouvoir de faire des lois et ordonnances pour
l'étendue de la colonie. De tels pouvoirs étaient naturellement limités, en partie par l'usage, mais surtout par les
dispositions de la charte elle-même. Car la couronne, en
donnant aux colonies le droit de faire des lois, pouvait le
leur accorder sous telles conditions qu'il lui plaisait, et
celle que l'on retrouve dans toutes les chartes était qu'elles
ne devaient pas légiférer contrairement aux lois et statuts
d'Angleterre (1).

L'Assemblée, tirant tous ses pouvoirs de la charte,
n'était une autorité législative qu'autant qu'elle restait
dans les limites prescrites; ces limites franchies, elle
n'était plus qu'une simple réunion de particuliers, dont
aucune loi ne pouvait émaner. En passant un acte contraire aux lois et statuts d'Angleterre, l'Assemblée avait
excédé ses pouvoirs : l'acte voté par elle était nul, ou
mieux n'était pas une loi.

(I) Story, Commentaries on the Constitution of the United States,
I, p. 147, § 163.

La question de savoir si tel était le cas s'élevait quelquefois et était alors portée devant les cours, qui pouvaient annuler la loi contraire à la charte. C'était, en première instance, la cour coloniale ; en dernier ressort, et si l'affaire était portée en Angleterre, le Conseil privé (1).

C'est ainsi qu'une question très intéressante et, à cette époque, très discutée, fut tranchée en 1727 par le roi en son conseil, à la suite d'un appel des cours de Connecticut. Il s'agissait de décider si les statuts de transmission et de répartition (2), divisant les biens entre tous les enfants, étaient ou non conformes à la charte de cette colonie qui exigeait que les statuts n'y fussent pas contraires aux lois du royaume d'Angleterre. La loi de transmission, qui mettait sur la même ligne les héritiers des deux sexes, fut jugée en opposition avec la charte et fut en conséquence annulée. Mais, devant les protestations soulevées par cette décision, le décret du Conseil fut révoqué et il fut décidé que la loi de succession d'Angleterre n'était pas obligatoire pour les colonies et pouvait tout au moins y subir quelques changements (3).

L'exemple montre qu'on n'appliquait pas trop rigoureusement les dispositions restrictives de la charte, et Story nous apprend (4) qu'une interprétation libérale était

____

(1) Bryce, I, p. 248. Il est certain que les cours coloniales et le Conseil privé ne pouvaient apprécier la loi que lorsqu'elle était invoquée dans un litige porté devant eux. C'est une question plus douteuse, et que l'incertitude des auteurs ne me permet pas de trancher, de savoir si ces juridictions annulaient la loi contraire à la charte pour le cas particulier qu'elles examinaient ou de façon définitive.

(2) Statutes of descents and distribution.

(3) Story, ouv. cité, I, p. 167.

(4) I, p. 147, § 163.

faite de ladite clause, si bien que les Assemblées n'observaient, dit-il, de la common law « que les liens d'allégeance entre les colonies et la métropole et travaillaient à abroger tous les statuts d'Angleterre qui n'avaient pas pour but direct leurs rapports avec la mère-patrie. »

Le Parlement anglais fut même obligé de rappeler la règle : « que toutes lois, bye-laws, usages et coutumes en vigueur dans l'une des colonies et qui seraient contraires à une loi passée ou sur le point de l'être (1) dans ce royaume, relative auxdites colonies, serait entièrement nulle et de nul effet » (Dans 7 et 8 Williams 3, chap. 22).

Cette déclaration, en rapprochant les « bye-laws » des lois coloniales, me fournit un exemple clair de la nature de ces lois et dont Dicey s'est lui-même servi (2).

Les « bye-laws » sont des règles de police ou d'administration qui n'émanent pas d'une autorité législative, mais ont cependant force de lois. Ils sont l'œuvre d'une corporation municipale, d'une compagnie anglaise de chemins de fer, qui ont reçu par un acte du Parlement un pouvoir délégué et restreint de législation, pour certaines matières seulement de leurs attributions et dans un but pratique. Fait dans les limites de ce pouvoir, le bye-law est obligatoire ; les dépassant, il est nul et les tribunaux, dans un litige, n'en tiendraient aucun compte. Le Parlement ayant autorisé une compagnie de chemins de fer à prononcer une amende pour certaines infractions, la

(1) Or to be made.
(2) Dicey, Introduction to the Study of the law of the Constitution, p. 190.

compagnie passe un bye-law les punissant d'une peine d'emprisonnement : le bye-law est nul.

La situation des Parlements coloniaux était très comparable a celle de ces corps subordonnés, les lois émanées d'eux avaient beaucoup d'analogie avec les « bye-laws ». Blackstone va même jusqu'à les prétendre identiques, assertion toutefois que Story trouve exagérée (1).

En résumé, c'était la charte qui, dans les colonies anglaises d'Amérique, créait et fixait les pouvoirs des Parlements locaux, et les lois, sous peine de nullité, devaient être conformes aux règles qu'elle édictait. Sinon, il y avait conflit entre la charte et la loi coloniale ; c'était la charte qui devait être appliquée, la loi annulée ; et c'était le juge qui était chargé de tirer ces conséquences du conflit.

La charte était ainsi supérieure aux lois des Parlements locaux, dans la même mesure qu'une constitution l'est à la législation ordinaire, le pouvoir constituant aux pouvoirs constitués.

Le système que j'étudie, très ancien en Amérique, n'est même pas particulier à ce pays. Il a toujours fonctionné et fonctionne encore dans toutes les colonies anglaises dotées d'un Parlement, telles que les Indes, le Canada, Victoria (2). Le principe y fut toujours la subordination législative des colonies au Parlement d'Angleterre, qu'Anson (3) établit en deux propositions :

1° Le roi en Parlement peut faire des lois obligatoires pour toute partie des domaines de la couronne ; 2° une loi coloniale contraire à un acte du Parlement obligeant la colonie est absolument de nul effet.

(1) Story, I, p. 146.
(2) Pour tout ce qui suit, v. Dicey, p. 95 et s.
(3) The law and custom of the Constitution, II. p. 257 et s.

Ces propositions sont faciles à démontrer.

Les Indes sont gouvernées par un conseil législatif qui a de très larges pouvoirs de législation, mais fixés et limités par un grand nombre de règles qu'il ne peut changer et que seul le Parlement impérial a droit de modifier. Le conseil ne peut porter atteinte aux actes de ce Parlement, dont il tire son existence même et ses pouvoirs. Étant pour lui inviolables, ces actes forment une série de lois fondamentales, une véritable constitution à laquelle le Conseil doit conformer sa législation. S'il passe des lois qui lui sont contraires, elles seront attaquables devant les cours des Indes, à condition qu'un litige s'élève dans lequel un particulier se prétende lésé par elles (1).

Plus notable encore est, au dire de Dicey, la situation du Parlement de Victoria. Jouissant de pouvoirs très étendus, il pourrait sembler aussi puissant que le Parlement britannique. Il y a cependant des règles qui restreignent son autorité et auxquelles, incapable de les changer, il doit obéir. C'est ce qu'atteste la lecture du Law Validity Act de 1865 : « La loi coloniale qui est ou sera contraire, sous quelque rapport, aux dispositions d'un acte du Parlement s'étendant à la dite colonie, sera soumise (2) à cet acte, ordre ou règle, et sera et restera, dans les limites de cette contradiction, mais non au delà, absolument nulle et sans effet. » La loi, ainsi jugée inconstitutionnelle et annulée, serait traitée, dit Dicey, absolument comme un bye-law.

Qu'une loi du Parlement anglais impose à la colonie de Victoria l'application du système métrique, la législature

(1) Empress v. Burah 3 Ind. L. R. Calcutta Series, p. 63.
(2) Shall be read subjet.

ne pourra, par aucun acte valable, rendre obligatoire l'usage d'autres monnaies, poids et mesures que celles dudit système. De même, aucune loi de Victoria légalisant le commerce des esclaves ne pourrait être tenue pour valable en présence du Slave Trade Act de 1824.

La nullité serait prononcée par les Cours de Victoria à l'occasion d'un litige porté devant elles.

L'analogie est donc frappante entre la situation de ces dominions et celle des colonies anglaises d'Amérique, dont je me suis occupé précédemment. Le mécanisme étudié tout à l'heure n'était qu'un rouage dans un système très complet et d'un large fonctionnement.

Qu'un Parlement non souverain ne puisse légiférer que dans la mesure où les pouvoirs lui en ont été reconnus, c'est une proposition presque évidente ; que les lois des législatures coloniales aient été jugées inférieures aux chartes qui avaient créé ces législatures, c'en est une conséquence logique ; et il semble également raisonnable que le Roi en conseil ait pu écarter la loi dont le maintient eût été contraire à ses prérogatives.

II. — Mais il me reste à expliquer le droit reconnu aux tribunaux de décider de la validité d'un acte législatif, en première instance tout au moins, et de le déclarer nul en cas d'opposition avec la charte ; le pouvoir qu'ont hérité d'eux les cours des États-Unis d'écarter une loi inconstitutionnelle.

Cet examen d'un acte législatif par un tribunal, qui pouvait annuler l'œuvre du législateur, qui aujourd'hui exerce sur elle tout au moins une action puissante, suppose en effet une large autorité. Quelle qu'en soit la nature, question discutée, ce n'est un fait contesté par personne

que ce rôle confère au juge des pouvoirs de beaucoup
supérieurs à sa mission ordinaire, à ceux qui lui sont
reconnus dans la plupart des pays d'Europe. C'est une
différence très remarquable ; elle est, elle aussi, le produit de la tradition, qui suffit à l'expliquer.

Le juge anglais a toujours eu et a encore de très larges
pouvoirs d'interprétation qui lui viennent d'une pratique
très ancienne, vieille de plusieurs siècles, dit Walker (1),
et qui a son fondement dans la nature même de la loi
anglaise. La législation anglaise n'est pas une législation
codifiée ; elle se compose de statuts épars et de la common
law ou loi non écrite. Or, la common law, le juge contribuait à la former.

. Quand un juge se voyait en présence d'un cas que ne
prévoyait aucune loi écrite, il se trouvait forcément dans
l'alternative ou de laisser se commettre une injustice faute
d'un texte qui la redressât, ou de suppléer lui-même au
défaut de la loi. C'était tout naturellement ce second parti
qu'il prenait le plus souvent. Pour rendre une décision
conforme à la justice, il s'appuyait alors sur les précédents, seule source où il pût puiser, sur les sentences
déjà prononcées dans des cas analogues, et les appliquait
au litige nouveau. S'il ne trouvait aucune décision sur la
matière, il étudiait celles qui avaient été rendues en
d'autres occasions et, de l'ensemble de leurs dispositions,
s'efforçait de faire naître la lumière. Si cette dernière
ressource lui manquait, il n'avait plus, pour se guider,
que son sens du droit et de la justice ; il se conformait
aux règles de l'équité naturelle qui allait être la source
de la common law. C'était les dépositions des témoins,

(1) Ouvrage cité, p. 53.

les plaidoiries des avocats présentant la question sous toutes ses faces, qui aidaient le juge dans cette difficile mission. S'il n'avait obéi à aucun mobile condamnable, la décision était présumée conforme au droit abstrait (1).

Ainsi les décisions successives des juges sur des points que la loi écrite laissait de côté finissaient par former elles-mêmes une sorte de loi de nature spéciale, qui ne se trouvait conservée dans aucun texte, sinon le recueil de ces jugements. C'était la loi non écrite (unwritten law) ou « common law ».

Peu à peu, lentement, mais continuellement, la « common law » se grossissait de nouvelles décisions, comme un fleuve de mille ruisseaux. S'ajoutant aux plus anciennes, elles augmentaient et modifiaient ce vaste recueil de précédents qui désormais s'imposaient au juge. La « common law » s'étendit ainsi si largement qu'elle finit par former la partie la plus importante de la loi anglaise. « Si étrange que cela puisse paraître, la loi non écrite, dit un auteur anglais, constitue de beaucoup la plus grande partie de ce corps de lois par lequel nos droits sont régis (2). »

C'est ainsi qu'il fut décidé, dans un litige entre particuliers, que l'esclavage était légalement impossible en Angleterre ; c'est ainsi que fut posée la règle de la publicité des débats en Parlement, à propos d'un procès entre un particulier et un imprimeur.

Les juges anglais sont arrivés ainsi, par un travail continu de plusieurs siècles, à créer une législation que Walker appelle très heureusement la législation judi-

(1) J. Walker, p. 53.
(2) J. Walker, *id*.

ciaire (1), certainement supérieure à celle du Parlement, en étendue, comme je viens de le déclarer, en force même prétendent quelques auteurs. En termes certainement exagérés, lord Coke et lord Hobart ont soutenu « que la « common law » domine les statuts parlementaires et annule ceux qui sont contraires à l'équité, au bon sens et à la raison ».

Dans cette œuvre créatrice, admirable et unique, les juges ont exercé naturellement, ce court exposé le prouve, les plus larges pouvoirs. Aujourd'hui, et à mesure qu'augmentent les précédents, les questions non encore résolues se font de plus en plus rares ; l'initiative du juge s'est restreinte tout naturellement en même temps et par le fait même que la « common law » s'étendait.

Ses pouvoirs sont pourtant encore très vastes. Si en théorie les précédents s'imposent, en fait il n'en est rien, et le juge n'hésite pas à faire prévaloir son opinion s'il la trouve plus conforme à la justice. Mais, quand bien même il serait ou se croirait lié par les précédents, ceux-ci forment une législation beaucoup plus souple et plus maniable que la législation ordinaire. Elle plie sans se rompre et laisse par là-même une plus grande latitude au juge qui peut, sans y porter d'atteinte apparente, en modifier sensiblement l'esprit.

Les premiers colons apportèrent avec eux en Amérique les règles de la « common law » (2). Comme il n'y avait pas de lois propres aux colonies, celles-ci suivirent tout naturellement les maximes en vigueur en Angleterre. Des lois intervinrent seulement pour en régler l'application et pour les adapter aux circonstances nouvelles.

(1) J. Walker, p. 53.
(2) Bryce, Walker (James), Story, Walker (Timothy).

C'est ainsi que toutes les chartes contenaient une déclaration expresse que tous les individus et leurs enfants habitant la colonie seraient sujets anglais, jouiraient de tous les privilèges et immunités attachés à cette qualité et que les lois d'Angleterre, autant qu'elles pourraient lui être applicables, seraient en vigueur dans cette colonie.

Dans toutes les colonies, sauf la Louisiane qui avait préféré conserver le Code civil, la « common law » était en vigueur peu de temps après leur fondation. La question ne se posa même pas de savoir si elle ne leur était pas applicable (1).

(1) Seuls Blackstone et Jefferson ont essayé de démontrer qu'elle ne l'était pas. Leur doctrine ne vaut que par l'originalité de leurs arguments, qu'il est intéressant de citer mais qui n'ont soulevé que des objections.

Blackstone s'appuie sur ce que, dans les territoires déjà occupés, les lois du conquérant ne s'appliquent pas de plein droit. Et « nos colonies sont précisément des pays conquis ou cédés... En conséquence, la « common law » n'a ni entrée ni autorité dans ces colonies, celles-ci n'étant pas une partie de la mère patrie, mais formant des domaines distincts bien que dépendants » (Blackstone's Commentaries 107, reproduit par Story). La clause contenue dans les chartes, et citée plus haut, fait justice de ces arguments.

Pour Jefferson, les droits que les colons apportèrent avec eux d'Angleterre n'étaient pas ceux de la « common law » mais les droits naturels de l'homme, et la common law n'avait jamais été introduite en Amérique. (Jefferson's correspondance 178, reprod. par Story.) Les textes sont en complète contradiction avec cette opinion. Le Congrès de 1774 résolut unanimement que « les colons d'Amérique ont droit à la « common law » d'Angleterre comme à tous les droits, libertés et immunités des sujets libres et nés dans le royaume d'Angleterre » (*Journal of Congress*, Declaration of Rights of the colonies, 14 octobre 1774, p. 27 à 31). L'ordonnance de 1787 assurait au peuple « le bénéfice de la procédure judiciaire selon la common

Les Américains ont conservé pieusement cet « héritage sans prix » (1). Leur respect de la tradition les conduisirent à préserver ces principes fiers et virils (2), sous lesquels grandit un gouvernement libre et indépendant, tandis que leur esprit pratique travaillait à les perfectionner encore. Walker nous apprend (3) que le système avait été ainsi amélioré déjà par la législation des colonies quand leur indépendance fut déclarée.

Après la Convention de Philadelphie, la question s'éleva de savoir si la common law était applicable à la nation des États-Unis. L'opinion prévalut généralement que, l'Union ayant pour base les États particuliers, la common law, qui était en vigueur chez eux, lui était applicable aussi. Ce fut la seule discussion soulevée, le seul point douteux, car la Constitution s'exprimait en termes suffisamment clairs en autorisant « la common law... dans tous les cas où la loi pourrait en ordonner l'application ».

L'étendue de la common law était ainsi laissée à la discrétion du législateur et, comme conséquence, elle se trouvait restreinte. Mais elle gagna en force ce qu'elle perdait en étendue. Comme une arme est plus efficace maniée par un bras plus ferme, la « common law », appliquée par un tribunal plus puissant, plus respecté que les cours locales, grandit en autorité.

Et c'est ainsi que, née en Angleterre plusieurs siècles

law. » Un statut en vigueur de 1795 à 1806 ordonnait qu'elle fût la règle de toutes les décisions.

(1) Bryce, I, p. 258.
(2) Its bold and manly principles (Story).
(3) Walker (T), p. 54.

auparavant, introduite en Amérique par les colons, elle s'y maintint et s'y perfectionna.

Pour qu'un pareil résultat fût possible, il avait fallu nécessairement que les juges américains eussent les mêmes pouvoirs d'interprétation que les juges anglais. Ces pouvoirs les conduisirent à exercer une influence plus grande encore.

En Angleterre ils avaient eu des effets remarquables qui avaient été jusqu'à la création de règles constitutionnelles (1). Mais les juges étaient soumis à la volonté du législateur et toujours contraints d'appliquer les statuts parlementaires. Comment auraient-ils en effet pu écarter une loi émanant d'un corps souverain, dont une constitution ne limitait pas les pouvoirs? Quelle autorité invoquer pour mettre en échec une assemblée à qui rien n'était supérieur dans tout l'État ?

Tout autre était la situation dans les colonies : l'assemblée ne pouvait légiférer que dans les limites à elles prescrites par les dispositions de la charte. Une loi n'était valable, en principe, qu'autant qu'elle était d'accord avec ces règles restrictives.

Un juge habitué à fonder ses arrêts sur une base aussi peu certaine que les principes de justice abtraits, le bon sens et la raison ne pouvait excéder ses pouvoirs quand il s'appuyait, pour juger, sur les dispositions précises d'une charte. C'est en en tenant compte qu'il se trouva tout naturellement conduit à écarter la loi qui y était contraire (2).

(1) Bryce, I, 258.

(2) En 1792 la Cour suprême de South Carolina déclarait qu'un acte passé par la législature coloniale de 1712 était *ipso facto* nul comme contraire à la *Magna Charta* dont la charte coloniale imposait l'observation.

C'est par l'exercice d'un droit d'interprétation poussé pour ainsi dire à sa limite extrême que le juge peut annuler une loi. Cette mission supposait donc que des pouvoirs très larges lui avaient été reconnus en ce sens. Seuls ils permettent d'expliquer l'intervention des cours de justice pour annuler la loi contraire à la charte.

C'est pourquoi il est vrai de dire que ce fut la pratique de la common law qui prépara le juge à jouer ce rôle et qui fit naître le système américain sur l'appréciation des lois par le pouvoir judiciaire.

II

Après la déclaration d'indépendance.

Après la déclaration d'indépendance, le système continua de fonctionner. Les États, pour la plupart, demeurèrent régis par la charte qui leur avait été autrefois accordée, témoin Rhode-Island qui resta jusqu'en 1842 sous la charte du roi Charles II (1). Dans ces États la législature continua d'être soumise aux restrictions de cet acte fondamental ; les lois, à ses dispositions, qu'elles ne devaient pas contredire sous peine de nullité.

Les États qui se donnèrent des constitutions nouvelles adoptèrent les même règles, si bien que le système se

(1) Dicey, p. 156.

maintint, les juges conservant le pouvoir de déclarer les statuts inconstitutionnels.

Les cours des États particuliers eurent plusieurs fois, durant le fonctionnement de la Confédération, entre la déclaration d'indépendance et la Convention de Philadelphie, l'occasion d'annuler une loi inconstitutionnelle ou d'affirmer tout au moins leurs pouvoirs en ce sens. Mais les auteurs se séparent sur le point de savoir quelle fut la première de ces décisions.

Il est certain que ce pouvoir des cours fut proclamé par les juges longtemps avant d'être mis en application. Et pour ces déclarations de pur principe il semble bien que la priorité appartienne au Chief Justice Brearley de la Cour Suprême de New-Jersey. Ses partisans, et parmi eux Henry Wade Rogers (1), la revendiquent pour lui, rappelant que dans une affaire qui lui fut présentée durant une session à Hillsborough, en septembre 1780, il émettait la ferme opinion que le juge a le droit de prononcer sur la constitutionnalité des lois.

Hampton L. Carson (2), ne tenant pas compte de cette décision, accorde l'honneur de l'ancienneté à un arrêt de la Cour d'appel de Virginie, dans le cas de Commonwealth v. Cohen et al (3). John Caton et ses complices avait été condamnés pour trahison sous l'empire d'un acte de 1776 qui déterminait l'offense et enlevait à l'exécutif le droit de pardon. La Chambre des Délégués, par une réso-

(1) Introduction to the Constitutional History of the United-States. Course of Lectures before the political science association of the University of Michigan.

(2) The Supreme Court of the United States ; its history, p. 208.

(3) 4 Call (Va) 521.

lution du 18 juin 1782, accorda le pardon ; le Sénat le refusa. Quand, pour mettre fin à ces divergences, l'attorney général porta l'affaire devant la Cour, la validité du pardon fut plaidée, mais la Cour d'appel, devant laquelle le cas fut renvoyé, prononça l'invalidité. Bien que la constitution ne fût pas en jeu, le juge, dans ses déclarations, prévoyait le cas où elle le serait, et c'est par là que cet arrêt nous intéresse.

Le juge Wythe, en effet, après avoir affirmé qu'il soutiendrait une branche de la législature contre l'autre, ajouta : « Bien plus, si la législature tout entière, événement à conjurer, essayait de franchir les limites qui lui sont assignées par le peuple, c'est moi, en administrant la justice du pays, qui tiendrais tête à ses pouvoirs coalisés, de mon siège dans ce tribunal, et, lui montrant la Constitution, je lui dirais : Voici la limite de votre autorité ; c'est jusqu'ici que vous irez, mais non plus loin. » Le chancelier Blair et les autres juges furent également d'avis qu'un acte contraire à la Constitution pouvait être déclaré nul, et M. Pendleton, affirmant ce pouvoir des cours, semblait prévoir l'importance du rôle futur des juges, car il ajoutait que la question était grosse des plus graves conséquences.

Ce n'était jusqu'ici qu'une affirmation par les juges de leurs pouvoirs, mais sans application pratique.

Pour la première fois en 1786, un *statute* fut déclaré inconstitutionnel par la cour de Rhode-Island. Le fait se renouvela l'année suivante devant les cours de North-Carolina (1) dans une affaire qui ne fut décidée qu'en 1787, bien qu'elle eût été discutée par Iredell avant, dit-on,

____

(1) Martin, 421.

l'arrêt de Rhode-Island. L'exemple fut suivi par la Virginie en 1788 (1).

Ces différents cas, relativement abondants pour une période si courte, et dont les derniers (1787-1788) furent décidés à la veille même de l'adoption définitive de la Constitution des États-Unis (1789) (2), durant même l'élaboration de cette Constitution, ne pouvaient manquer d'être présents à l'esprit des constituants. A ceux que cet argument ne convaincrait pas il suffit de rappeler quelques-uns des débats qui s'ouvrirent à la Convention de Philadelphie et dans les conventions des États particuliers, lorsque ces conventions furent appelées à donner leur approbation au pacte fédéral. Bien des arguments y furent produits qui faisaient allusion au système pratiqué par les cours, qui, parfois même, s'appuyaient uniquement sur son existence reconnue.

La question se posa nettement à la Convention de Philadelphie. Le délégué Wilson proposa, pour donner plus de force au *veto* du président, de faire partager ce droit au Judiciaire. La proposition fut vivement combattue, et l'un des arguments invoqués, notamment par Gerry et Caleb Strong, contre l'adoption de ce système fut que le judiciaire avait déjà sur les lois une grande influence par son pouvoir de les déclarer nulles (3).

(1) 1 Va Cas 198.

(2) La constitution des Etats-Unis, élaborée par la Convention de Philadelphie, fut signée le 17 sept. 1787, mais elle ne fut approuvée que plus tard par les divers Etats de l'Union. Le 1er Congrès s'ouvrit le 4 mars 1789 et le premier président américain, Washington, fut élu le 4 avril 1789.

(3) Discours de M. Hitchkock au centenaire de la Cour suprème, 30 sept. 1889, Hampton, L. Carson, ouvrage cité, p. 93.

Les objections apportées à la Convention contre l'établissement d'une Cour Suprême reposaient en partie sur la crainte que le droit d'interpréter les lois suivant l'esprit de la constitution n'en fît une assemblée toute-puissante. A quoi il fut répondu que rien dans le plan de la Constitution ne donnait pouvoir aux cours fédérales d'interpréter les lois suivant l'esprit de la Constitution ni ne leur accordait une plus grande latitude à ce sujet que celle qui était reconnue depuis longtemps aux tribunaux d'États (1). C'était déclarer nettement l'intention de ne rien innover, de suivre en tout point le système existant. Enfin Carson rapporte (2) que l'un des délégués du Maryland, John-Francis Mercer, exprima en termes énergiques sa désapprobation du système pratiqué par le Judiciaire et s'efforça de le faire repousser par la Convention, tandis que John Dickinson, de Delaware, alla jusqu'à dire « qu'un tel pouvoir ne devrait pas exister ».

Le fait que le sytème de l'inconstitutionnalité fonctionnait avant la Convention de Philadelphie fut à plusieurs reprises mentionné dans les conventions des États.

C'est ainsi qu'à la Convention de Virginie la crainte fut exprimée que la cour fédérale ne fût trop faible pour remplir la mission exercée jusque-là par les juges des États et que la défense des libertés individuelles ne périclitât en des mains débiles.

« Oui, déclarait le délégué Henry, nos juges résistèrent aux actes de la législature : nous avons ce jalon pour nous guider. Ils eurent le courage de déclarer qu'ils étaient le pouvoir judiciaire et s'opposeraient aux actes

(1) Story, ouv. cité.
(2) Ouvrage cité, p. 127.

inconstitutionnels. Êtes-vous sûrs que votre pouvoir judiciaire fédéral agira de même ? Est-ce que ce judiciaire est aussi bien construit et aussi indépendant des autres branches que notre judiciaire d'État ? Où sont vos jalons dans le gouvernement ? J'oserai dire que vous ne pouvez en trouver aucun. Je considère comme la plus grande gloire de ce pays que les actes de la législature, s'ils sont inconstitutionnels, peuvent être combattus par le Judiciaire (1-2). »

Ainsi le système ne fut pas seulement adopté tacitement. Il fut discuté et nettement affirmé devant la Convention de Philadelphie et les conventions d'États. Et c'est pourquoi Story, Dicey, Carson sont d'accord pour reconnaître que le système existait, était même en plein fonctionnement quand la Convention de Philadelphie se réunit.

III

A la Convention.

Mais s'il faut refuser aux constituants l'honneur d'une invention, on ne peut leur contester le mérite presque aussi grand d'avoir « donné aux vieilles idées une expansion parfaitement nouvelle » (3).

(1) « I take it as the highest encomium in the country that the acts of the legislature, if unconstitutional, are liable to te opposed by the judiciary. »
(2) Elliot's Debates, p. 248.
(3) Dicey, ouv. cité, p. 157.

Si quelquefois en Europe on leur attribue la création de
ce système, c'est qu'ils lui donnèrent un développement
inconnu, au point d'en faire presque quelque chose de
nouveau (1). Ils ne firent cependant que se servir d'éléments anciens, mais cela avec une sagesse parfaite ; ils
surent heureusement adapter aux circonstances nouvelles
une pratique vieille de plusieurs siècles. Il s'agissait de
défendre un gouvernement naissant et faible, de maintenir
une constitution nouvelle et très combattue.

Pour que la constitution de l'Union eût chance de vivre
il était nécessaire de la protéger d'abord contre les atteintes de la législature fédérale, comme les États proté-
geaient leurs constitutions contre leurs assemblées. Mais
ici la tâche était d'autant plus difficile que la législature
d'un grand État est plus puissante et plus confiante en sa
force.

Il fallait encore et surtout prévoir les attaques des
États. L'Union était vue par eux avec méfiance ; ils redou-
taient son influence et craignaient pour leur autonomie ;
c'est contre eux qu'il importait de défendre la constitution.
Mais c'était une mission malaisée que permettre à l'Union,
pure abstraction encore, de résister à treize États, jaloux
de leur indépendance et dont les prétentions s'appuie-
raient sur les intérêts concrets de leurs populations.

De la manière dont les constituants assureraient le
maintien du pacte fédéral contre ce double danger dépendaient le salut et la prospérité de l'Union tout entière.

---

(1) « Le succès de cette expérience nous aveugle sur sa nouveauté,
dit Sumner Maine qui admet en même temps « qu'on ne lui trouve
de précédent ni dans l'histoire du monde antique ni dans celle du
monde moderne ». Essai sur le gouv. populaire, p. 305.

Ce problème, ils le résolurent très habilement. Non pas
en posant dans la constitution des principes abstraits, des
règles compliquées. Tout au contraire : il n'y est même
pas fait mention du pouvoir des juges d'écarter la loi
inconstitutionnelle. Tout leur effort porta sur le choix d'un
corps suffisamment indépendant et digne de la double
mission qu'ils allaient lui confier : prononcer sur l'inconstitutionnalité des statuts du Congrès, écarter les lois des
États contraires à la constitution fédérale.

*
* *

La première partie du problème, limiter les empiètements du pouvoir législatif, préoccupa grandement les
constituants. Le pouvoir législatif est le plus dangereux
pour la liberté d'un peuple. Il a une tendance à prendre
la première place dans l'État, qui résulte de ses fonctions
mêmes ; il a le pouvoir en effet sur la bourse de la nation,
sur la propriété du peuple, il lève les taxes et peut accorder ou refuser les subsides (1). Corps nombreux, il
entraîne naturellement avec lui une grande partie de
l'opinion publique (2) ; lorsque surtout il est électif, sa force
et son audace semblent s'augmenter de celle du peuple
qu'il sent derrière lui, et, confiant dans son influence,
il devient rapidement tyrannique.

Sans même se mettre en guerre ouverte avec les autres
pouvoirs de l'État, il lui est facile par des empêchements

(1) Story, ouvrage cité, II, p. 14, § 590.
(2) Webster, ouvrage cité, III, p. 29.

subtils, sournois, presque imperceptibles (1), de miner
leur autorité.

Les constituants de Philadelphie comprirent parfaitement le danger. Leur opinion sur ce point se trouve expo·
sée dans un remarquable passage du *Fédéraliste* qui en
est comme le résumé : « Le département législatif partout
étend la sphère de son activité et attire tout pouvoir
dans son impétueux tourbillon... Dans une république
représentative, où la magistrature exécutive est soigneusement limitée à la fois dans l'étendue et la durée de ses
pouvoirs, où l'autorité législative est exercée par une
assemblée fière de son influence supposée sur le peuple,
avec une confiance intrépide dans sa propre force, suffisamment nombreuse pour sentir toutes les passions qui
agitent une multitude, pas assez cependant pour ne pouvoir satisfaire ses passions par des procédés que la raison
proscrit, c'est contre l'ambition entreprenante de ce département que le peuple doit exercer toute sa jalousie et
employer toutes les précautions (2). »

Aussi est-il juste de dire que « si le Congrès est sans
nul doute le grand dépositaire de l'autorité nationale,
tout l'effort de la constitution tendait à lui fixer des bornes
et à lui imposer un frein (3). »

De toutes les mesures qui furent proposées ou adoptées
lors de la Convention pour limiter le pouvoir législatif :
veto du judiciaire qui fut repoussé, *veto* du Président,
appel au peuple qui fut combattu par Hamilton (4), divi-

(1) Woodrow Wilson, ouv. cité, p. 35.
(2) The Federalist, XLVIII, par Madison.
(3) M. Evarts (Défense de Johnson).
(4) The Federalist, no 49, par Hamilton,

sion de la législature en deux branches, les auteurs de la constitution jugèrent avec raison que nulle ne valait l'obligation de respecter le pacte fondamental et d'y conformer toute loi. Ils comprirent aussi, ce dont on ne saurait trop les louer, que, l'efficacité de cette protection reposant sur ceux à qui elle serait confiée, les gardiens de la constitution devaient être avant tout indépendants (1).

Si en effet l'indépendance du juge est, dans tous les pays, nécessaire à l'administration d'une bonne justice, elle est absolument indispensable lorsque le judiciaire a pour mission de prononcer sur l'inconstitutionnalité des lois. Il faut qu'il n'ait pas à craindre de représailles pour pouvoir s'opposer aux caprices d'une majorité toute-puissante ; celle-ci, qui représente la force et le nombre, souffrira difficilement d'être arrêtée par un corps faible et peu nombreux ; « ses projets égoïstes sont trop souvent interrompus par la fermeté et l'indépendance des magistrats intègres, pour ne pas la rendre en tout temps hostile à un pouvoir qui l'arrête et à une impartialité qui la condamne (2). »

C'est en effet cette intervention qui gênera le corps législatif, tous ses efforts seront pour vaincre cette impartialité des juges qui contrecarre ses projets ambitieux. Et cela lui serait aisé si le judiciaire était sous sa dépendance ou soumis à son contrôle ; un tel contrôle, dit Tucker (3), travaillerait à la destruction de la constitution qu'on voulait maintenir (4).

(1) V. Hamilton, Story, Hopkinson (Défense de Ch. J. Chase).
(2) Story, ouvrage cité, III, p. 468 § 1605.
(3) Commentaries.
(4) « L'indépendance complète des cours de justice est particulièrement essentielle dans une constitution limitative. Par constitution

C'est aux cours fédérales, dont la plus haute est la Cour Suprême, que la garde du pacte fondamental fut confiée, et leur indépendance fut assurée par deux mesures qu'il faut louer sans réserve : 1° Le pouvoir judiciaire fédéral forme un pouvoir coordonné, distinct de l'Exécutif et du Législatif ; 2° les juges fédéraux sont nommés par l'Exécutif et inamovibles.

Sur le premier point il y eut une longue discussion à la Convention et cette mesure, qui nous semble si logique, ne fut pas admise sans opposition. Les adversaires de la constitution, tout en reconnaissant la nécessité d'un pouvoir judiciaire fédéral, soutenaient que, distinct et indépendant, il opprimerait le Législatif et que sa mission de se prononcer sur l'inconstitutionnalité des lois lui permettrait de modifier à son gré la législation, de la modeler et d'exercer dans l'État une influence sans limite. Pour empêcher les excès et corriger les erreurs du pouvoir législatif, on allait créer un corps dont rien n'arrêterait les excès, dont les erreurs seraient irrémédiables. Il fallait, ajoutait-on, pour éviter ces dangers, que le pouvoir judiciaire fût une branche du pouvoir législatif, comme en Grande-Bretagne, où l'autorité judiciaire en dernier ressort résidait dans la Chambre des Lords, comme dans la plupart des États particuliers, qui avaient imité sur ce point la Grande-Bretagne (1).

limitative j'entends une constitution qui contient certaines exceptions déterminées à l'autorité législative, telle par exemple que la défense de passer des bills d'attainder, des lois *ex post facto*, ou autres semblables. Des limitations de ce genre ne peuvent être assurées en pratique que par le moyen des cours de justice. » *The Federalist* n° 78, par Hamilton.

(1) V. Story, ouv. cité, III, p. 442, § 1576.

Ainsi, pour prévenir les empiètements d'un département dont on reconnaissait généralement qu'il y avait peu à craindre, ce qu'on proposait c'était la confusion des pouvoirs, c'est-à-dire le système le plus dangereux pour l'équilibre du gouvernement et la liberté des citoyens.

Hamilton fit à ces arguments, dans le *Fédéraliste*, une réponse magistrale et restée célèbre : « D'un corps qui aurait une action même partielle dans le vote de mauvaises lois nous pourrions rarement attendre une disposition à les tempérer et à les modérer dans leur application. Le même esprit qui a agi en les passant serait trop susceptible d'en influencer l'interprétation ; encore moins pourrait-on s'attendre à ce que des hommes qui ont empiété sur la constitution comme législateurs fussent décidés à réparer la brèche comme juges..... Ces considérations nous apprennent à applaudir à la sagesse de ces États qui ont confié le pouvoir judiciaire, en dernier ressort, non pas à une partie de la législature, mais à des corps distincts et indépendants..... (1) »

Cette sage opinion fit admettre par les constituants que le pouvoir judiciaire serait séparé et distinct ; ainsi ils posèrent la base fondamentale de son indépendance.

(1) « Il n'est pas vrai en second lieu que le Parlement de Grande-Bretagne ou les législatures des Etats particuliers puissent corriger les décisions exceptionnelles de leurs cours respectives autrement que ne pourrait le faire la législature future des Etats-Unis. Ni la théorie de la constitution britannique, ni celle des constitutions d'Etats n'autorise la revision d'une décision judiciaire par un acte législatif. Y a-t-il rien dans la constitution proposée plus que dans l'une ou l'autre d'entre elles qui l'interdise ? Dans la première comme dans les dernières, les principes généraux du droit et de la raison y sont les seuls obstacles...» *The Federalist*, nᵒ 81, par Hamilton.

Ce furent également les États particuliers qui servirent de modèle quand fut fixé le mode de nomination des juges et qu'il fut décidé que ceux-ci seraient inamovibles.

L'élection des juges par le peuple fut presque unanimement repoussée. Il fut généralement reconnu qu'elle rendrait impossible un choix judicieux et asservirait les magistrats à la volonté de leurs électeurs.

L'inamovibilité, qui semblait indispensable à la plupart des constituants (1), fut cependant combattue par John Dickinson qui, appuyé par Gerry, proposa que les juges pussent être révoqués par l'Exécutif assisté du Sénat et de la Chambre des Représentants. Mais sa proposition fut combattue par Randolph comme affaiblissant l'indépendance du juge (2). Elle fut définitivement repoussée : les juges fédéraux furent inamovibles.

C'est par ces mesures que les membres de la Convention ont assuré l'indépendance du pouvoir judiciaire fédéral et c'est, selon moi, leur plus beau titre de gloire. S'il est vrai, comme le dit Lieber (3) que pour protéger la Constitution « le meilleur système est l'indépendance du judiciaire », les constituants, en en dotant leur patrie, ont bien mérité d'elle.

---

(1) « Par sa faiblesse, écrivait Hamilton, le pouvoir judiciaire est en continuel danger d'être écrasé, effrayé ou influencé par les autres branches du gouvernement ; comme rien ne peut contribuer autant à sa fermeté et à son indépendance que la permanence en fonctions, cette qualité peut être regardée comme un élément indispensable à sa constitution et, dans une large mesure, comme la citadelle de la justice et de la sûreté publique.» *The Federalist*, n° 78, par Hamilton·

(2) Carson, ouv. cité, p. 102 ; Walker (T.), ouv. cité, I, p. 113.

(3) Political Ethics, t. II, p. 281,

*
* *

Il restait aux constituants à assurer le maintien de la
constitution fédérale et des lois des États-Unis contre les
États particuliers (1). C'était la partie vraiment nouvelle
de leur œuvre et la plus difficile aussi. Écarter une loi
d'un État comme contraire à la Constitution fédérale ou
à une loi du Congrès, c'est nier l'indépendance et la souveraineté de cet État, c'est l'obliger à s'incliner devant la
suprématie de l'Union, c'est déclarer qu'il n'est qu'une
communauté dépendante et subordonnée. De cet effet
visible et direct de sa dépendance il était évident qu'il
prendrait ombrage ; cette incapacité de légiférer en toute
liberté était un signe de soumission qui serait regardé
sans doute comme une humiliation.

Alors donc que la supériorité de la constitution fédérale
eût été unanimement reconnue, il eût encore fallu beaucoup de tact et d'habileté pour en assurer les effets sans
éveiller les jalousies des membres de l'Union.

Mais la supériorité du gouvernement fédéral était au
contraire vivement combattue ; les États étaient si loin de
s'y soumettre qu'ils allaient jusqu'à soutenir qu'il leur
appartenait de juger en dernier ressort les conflits de
compétence entre eux et le pouvoir fédéral : l'état particulier aurait eu le droit, qu'on appelle généralement droit
de nullification et qui fut affirmé par Jefferson d'abord,
plus tard par Calhoun (2), de déclarer non obligatoire à

(1) D'après la constitution en effet les lois des Etats doivent être
conformes non seulement à la Constitution mais aux lois du Congrès
qui, lorsqu'elles ne sont pas contraires au pacte fondamental, ont la
même autorité que lui vis-à-vis des législatures particulières (art. VI).

(2) V. M. Calhoun's Address (du Pendleton Messenger).

son égard la loi fédérale qu'il eût jugée contraire à sa
souveraineté.

C'était exactement la contre-partie de la thèse de l'inconstitutionnalité des lois, que les membres de la Convention soutenaient. C'était donc une double difficulté qu'ils
avaient à résoudre : imposer un système dont la légitimité
était vivement contestée, puis en assurer un fonctionnement facile qui ne heurtât pas les susceptibilités des États.

Hamilton répondit (1) à la théorie de la nullification et
combattit « cette grosse hérésie, cette doctrine mons-
trueuse d'un droit d'appel législatif » avec la clarté qu'il
apportait dans toutes les discussions et qui, certainement,
contribua pour une large part à assurer la suprématie de
la constitution.

La théorie fut, il est vrai, reprise plus tard et, à différentes époques, vivement soutenue : en 1773 par la
Géorgie (2), en 1778 par les résolutions de Kentucky (3)
qui furent attribuées à Jefferson, en 1800 par les déclarations de Virginie, en 1817 par la Caroline du Sud (4) et
durant la guerre civile par tous les États du Sud sans
exception (5).

Quoi qu'il en soit, les membres de la Convention n'eurent plus à s'occuper de la doctrine de la nullification;
tous leurs efforts furent pour assurer à la constitution
fédérale cette supériorité qu'on ne lui contestait plus.

Différentes mesures étaient pour cela possibles. L'une

(1) The Federalist, n° 22.
(2) Cooley, Lectures, p. 46.
(3) Loring, p. 73; Story.
(4) Loring; Story.
(5) Caleb Loring, p. 24; Story.

des premières proposées fut qu'un *veto* appartînt au
Congrès fédéral sur les actes des législatures d'États.
Il sembla même qu'elle allait être adoptée et ce ne fut
qu'une assez longue discussion qui révéla les défauts du
système. C'était faire sentir trop directement la domination du gouvernement fédéral, blesser les sentiments par-
ticularistes des États et rendre possibles des collisions, des
révoltes. Car « la désapprobation d'un statut d'État, alors
même qu'il eût réellement porté atteinte à la Constitution
fédérale, aurait paru un mouvement politique, auquel il
fallait répondre par un contre-mouvement » (1).

Ces raisons qui combattaient le système du *veto*
législatif conduisirent les constituants à confier au pouvoir
judiciaire le maintien de la Constitution fédérale. Déjà
chargé de la faire respecter vis-à-vis du Congrès, il reçut
mission de la défendre contre les législatures d'État.

Par l'intervention des cours l'amour-propre des États
n'est pas directement atteint. Ce n'est pas devant un
pouvoir politique rival qu'ils ont à s'incliner, c'est devant
l'autorité de la Constitution, affirmée par des juges. Ils ne
sentent pas dans cette action une attaque dirigée contre
eux, ce n'est qu'une conséquence de l'organisation fédérale et que, demain, subiront à leur tour d'autres membres
de l'Union (2).

Si cette sage solution n'empêcha pas des révoltes, une
guerre civile sanglante d'éclater, c'est que, comme le dit
Noailles (3), le problème était trop complexe. Mais on ne
peut nier que c'était là la meilleure solution et qu'aucune

(1) Bryce, I, p. 257.
(2) Bryce, I, p. 257.
(3) *Cent ans de République aux Etats-Unis*, p. 166.

autre n'eût permis à l'Union d'affirmer aussi aisément sa supériorité vis-à-vis des États et de fonctionner aussi librement, pour le plus grand bien et la prospérité de la nation.

Pour atteindre le double but que j'ai analysé dans ce chapitre, les constituants s'étaient servi du système de l'inconstitutionnalité qu'ils avaient trouvé tout créé. Mais ils l'avaient élargi, perfectionné. C'était désormais la base sur laquelle allait reposer l'existence de l'Union tout entière.

IV. — Développement du système après la Convention.

Il me reste à examiner la destinée de ce système sous la Constitution fédérale.

Il devait nécessairement se développer d'autant plus aisément qu'il ne fut pas l'objet d'une disposition constitutionnelle, qu'il ne fut pas enfermé dans les limites d'un texte qui en restreignît l'application. Une large part fut laissée dans son fonctionnement à la coutume qui l'avait établi, et ce fut par l'action de la coutume qu'il atteignit son plein développement.

Il serait faux de croire que les juges aient eu, dès le début, toute l'autorité nécessaire à leur mission. Bien qu'ils y fussent préparés par une longue tradition, leur tâche était écrasante, et ils ne durent qu'à leur propre mérite et à leur haute sagesse de ne pas y succomber. Le système était excellent, mais il requérait de la part des tribunaux une influence et une fermeté qu'ils furent quelque temps à acquérir.

Certains exemples montrent bien la timidité dont les

cours firent preuve au début et qu'un auteur américain qualifie même d'humilité.

En 1791, le Congrès passa un acte sur les « invalid pensions » qui chargeait certaines cours des États-Unis de prononcer sur les demandes de pensions mais déclarait que la décision de ces cours serait soumise à la revision du secrétaire de la guerre et du Congrès. C'était faire de ces cours un bureau des pensions subordonné à la fois à l'Exécutif et au Législatif. L'acte fut unanimement déclaré inconstitutionnel, le pouvoir judiciaire étant distinct et indépendant (1). Mais les juges de la Cour de New-York, Jay et Cushing, rédigèrent une note dans laquelle ils indiquaient leurs motifs pour écarter l'acte comme juges ; ils ajoutaient que « l'objet de cet acte était excessivement bienveillant » et que, « désireux de manifester leur grand respect de la législature nationale, ils l'exécuteraient individuellement comme commissaires » (2).

Dans la même occasion les juges de Pensylvanie adressaient une lettre d'excuse au Président, les juges de North Carolina, une lettre déplorant cette lamentable divergence d'opinion qui les mettait « dans l'absolue nécessité d'agir selon les meilleurs conseils de leur propre jugement. »

Et Hitchkock, qui cite ces exemples, ajoute que la raison de ces hésitations, de ces timidités des juges, c'est que le système était « un trait nouveau d'une organisation politique nouvelle, très attaqué comme étant une menace permanente pour les gouvernements d'États » (3).

(1) Hayburn, 2 Dallas, 410.
(2) Hitchkock. Course of Lectures before the political science association of the University of Michigan. Id. Kent, part. III, lect. XX.
(3) Id.

L'année suivante, Randolph, se référant à cette même affaire, écrivait à Washington : « Il faut regretter vivement que le Judiciaire, en dépit de son apparente fermeté à annuler la loi des pensions, ne soit pas encore ce qu'il sera dans quelque temps d'ici : une ressource contre les infractions à la Constitution d'une part, de l'autre un ferme soutien des droits fédéraux. » (5 août 1792) (1).

Il est vrai en effet que les juges n'étaient pas encore à la hauteur de cette tâche, que leurs progrès furent lents d'abord. Mais ils ne tardèrent pas à prendre confiance en leur propre force et l'influence et l'indépendance qu'ils surent obtenir ils les durent surtout à l'un d'entre eux, à John Marshall, qui fut la gloire de la magistrature américaine.

Ce fut, tous les auteurs s'accordent à le reconnaître, un vrai bienfait pour les États-Unis qu'il se trouvât, presque à la naissance de l'Union, un homme dont le mérite et l'autorité personnels pouvaient donner au pouvoir judiciaire l'influence qui lui manquait encore.

Ce fut de 1801 à 1835 qu'il présida la Cour Suprême, et, pendant cette longue période, sa dignité, ses connaissances profondes et sa grande habileté apportèrent heureusement leur appui à un système encore mal assuré et souvent attaqué. C'est John Marshall qui résista à ces attaques renouvelées, d'autant plus dangereuses que le système était insuffisamment éprouvé. C'est lui qui donna à ce dernier une impulsion définitive et présida à son complet développement.

(1) Spark, Life and Writings of Washington, X, p. 513, reproduit par Carson, p. 163.

Avant lui les Cours n'avaient encore décidé que six cas d'inconstitutionnalité (1). Pendant sa magistrature soixante-deux décisions de ce genre furent rendues, et la plupart résolvaient des difficultés qui ne s'étaient pas encore présentées ; tous les problèmes que pouvait soulever le système lui furent ainsi posés durant cette longue période, et tous furent par lui définitivement résolus. C'est ainsi que dès 1801 il avait l'occasion, dans l'affaire Marbury contre Madison (2), d'affirmer les pouvoirs du Judiciaire vis-à-vis des actes inconstitutionnels ; que dès 1816, pour la première fois, la Cour déclarait nul un statut d'État.

Depuis John Marshall, dont les successeurs furent heureusement dignes de leur mission, le système, désormais bien établi, n'a fait que s'affirmer ; le pouvoir judiciaire fédéral, dès lors respecté, n'a fait qu'accroître son influence. Aujourd'hui, son crédit est considérable ; il l'emploie noblement à la protection de la Constitution, au maintien des droits fédéraux, et le centenaire de la Cour Suprême (3), en septembre 1889, fut comme l'apothéose du pouvoir judiciaire fédéral. Les éloges lui furent prodigués, il fut salué comme le gardien des droits du peuple.

(1) Cooley, Course of Lectures before the political science association of the University of Michigan. Ces cas étaient :

Chisholm v. Georgia, 2 Dallas 419 ;

Hylton v. United States, 3 Dallas 171 ;

Hollingsworth v. Va, 3 Dallas 378 ;

Calder v. Bull, 3 Dallas 386 ;

Fowler v. Lindsey, 3 Dallas 411 ;

Cooper v. Telfair, 4 Dallas 14.

(2) Cranch, 137.

(3) Carson, ouv. cité, p. 220.

« Du commencement à la fin, disait M. Arnoux, président du centenaire, sa dignité s'est maintenue et préservée, et quand nous considérons les intérêts en conflit et les préjugés des nations, vastes et compliquées, États, territoires et peuple, nous restons étonnés du résultat ». Il disait dans un autre discours, parlant aux juges de la Cour Suprème : « Vous êtes les derniers dépositaires des droits et des libertés du peuple... Qu'il soit dit à votre gloire que jamais vous n'avez abusé de vos pouvoirs, que jamais les États n'y ont résisté. »

MM. Semmes, Field, Harlan firent l'éloge du système et du Judiciaire. « Si la Cour n'a pas fait la Constitution, disait M. Phelps, elle l'a sauvée de la destruction ». Mais je ne puis mieux terminer ce chapitre qu'en citant l'opinion d'un ancien président, dans un discours qu'il prononça à ce centenaire :

« Il est certain et évident, disait l'ex-président Cleveland, que, sans un arbitre pour déterminer finalement et définitivement les droits et devoirs compris dans la Constitution, l'union des États et la vie de la nation américaine auraient été précaires et fertiles en désillusions. »

Cet éloge, rendu par un ancien chef de l'Exécutif, est, me semble-t-il, la digne reconnaissance des services rendus par le pouvoir judiciaire, la consécration définitive du système de l'inconstitutionnalité des lois.

DEUXIÈME SECTION

EXPLICATION THÉORIQUE

J'ai montré l'origine et le développement historiques du

système aux États-Unis. Se justifie-t-il en théorie ? Tous les auteurs qui l'ont étudié ont produit du système de longues justifications théoriques, mais tous ne sont pas d'accord sur les explications à en donner.

I. — Ce serait, suivant les uns, un caractère nécessaire des constitutions fédérales. L'État fédéral n'existe pas, disent-ils, sans un pacte fondamental. C'est une abstraction que la constitution seule a créée. C'est, sous un autre aspect, une association consacrée par un traité qui est le pacte fondamental. Le traité méconnu, l'union est dissoute. Ce n'est qu'un ensemble de rapports entre un gouvernement national et des gouvernements particuliers, une série de compromis qui règlent les attributions d'autorités différentes, une combinaison pour maintenir, au dessous de la suprématie d'un gouvernement national, la souveraineté des États qui l'ont fondé. Il s'ensuit, dit Dicey, qu'aucun pouvoir n'existe s'il n'est organisé dans le pacte fondamental, aussi bien les départements législatif, exécutif, judiciaire fédéraux que les pouvoirs des États particuliers.

C'est, en un mot, la constitution qui défend la suprématie de l'État national contre les révoltes de ses membres, qui protège l'autonomie des États particuliers contre la tyrannie du pouvoir central. Elle a donc une importance considérable.

En même temps, pour régler des rapports si compliqués et mettre d'accord des intérêts si contraires, il faut que cette constitution soit écrite. Seules des clauses précises, auxquelles on puisse se référer en cas de contestation, peuvent empêcher que des querelles agitent l'Union. C'est un traité, et il n'est pas d'exemple que des parties contractantes, après avoir aplani toutes les difficultés qui les séparaient, réglé tous les détails de leur contrat, aient négligé de constater leur accord et ses conditions dans un écrit. De même on ne pourrait pas citer dans l'histoire un seul exemple d'un État fédéral fondé sur la coutume ou le consentement tacite.

Si enfin cette constitution est si nécessaire à l'existence de l'Union, au maintien des prérogatives du gouvernement fédéral, comme à la protection des droits des États, il est indispensable que l'observation en soit assurée. Seul le pouvoir judiciaire peut la faire respecter.

C'est là exactement le raisonnement de Dicey (1), et l'on en aperçoit tout de suite le côté faible. L'auteur américain s'étend avec des preuves convaincantes sur la nécessité d'une constitution écrite dans un État fédéral, proposition qui, je crois, n'a jamais été sérieusement contestée. Quant à l'autorité des cours, qui peut sembler moins indispensable, il se contente d'en poser le principe, de l'affirmer comme un caractère du fédéralisme, sans apporter aucun argument à une proposition assurément originale et qui ne paraît pas si évidente qu'il soit inutile de la prouver. On peut regretter cette concision, d'autant plus que cette affirmation, qui n'est appuyée sur aucune discussion, mais se détache au contraire comme un axiome, semble contredite à la fois par la raison et par les faits.

(1) « Les trois principales caractéristiques du fédéralisme sont : la suprématie de la Constitution ; la distribution parmi des corps dotés d'une autorité limitée et coordonnée des différents pouvoirs du gouvernement ; le droit des cours d'agir comme interprètes de la constitution », Dicey, ouv. cité, p. 136.

En raison, on ne comprend pas pourquoi il serait plus nécessaire dans un État fédéral que dans un État unitaire de mettre le pacte fondamental sous la protection des juges. Si leur concours est indispensable au maintien d'une constitution, comment expliquer que seule une certaine forme de constitution le requière? Car si le respect du pacte fondamental est nécessaire à l'existence d'un État fédéral, les États unitaires ne se donnent une constitution que dans le but évident de la voir respectée et ont certainement le plus grand intérêt à son maintien.

Que les États Unitaires n'aient pas confié aux juges la défense de leur constitution, cela tient à des causes d'ordre généralement tout différent. C'est ainsi qu'en France ce fut la crainte de faire revivre l'autorité dangereuse dont avaient joui les Parlements par le droit de ratification des lois et ordonnances qui, en conduisant à une séparation exagérée des pouvoirs, fit interdire au Judiciaire tout examen et appréciation d'un acte législatif.

Enfin, aux époques mêmes où le besoin de maintenir la constitution s'est manifesté le plus vivement, les États unitaires ont, pour y répondre, créé des corps spéciaux, comme la France, et l'importance qu'on attachait alors à la constitution n'a pas conduit à admettre l'autorité des cours en cette matière.

Si donc ce ne fut pas le fédéralisme qui créa ce système, ce ne fut pas non plus, comme pourrait le sous-entendre Dicey, la suprématie de la constitution, qui est un des traits du fédéralisme.

Les faits ne sont pas moins opposés à la théorie de Dicey; le système n'est pas pratiqué dans tous les États fédéraux, mais ne fonctionne qu'aux États-Unis et dans les

États qui le leur ont emprunté. S'il est en vigueur en effet dans l'Union fédérale mexicaine, la République argentine, le Brésil, c'est que les constitutions de ces pays ont été copiées sur celle des États-Unis et lui ont pris ce trait.

L'exemple de la Suisse montre au contraire que le plan américain n'est pas le seul possible à une fédération. Les analogies entre l'organisation de la Suisse et celle des États-Unis d'Amérique sont frappantes. Les cantons qui la composent sont distincts et indépendants les uns des autres et ont conservé leurs législatures et leurs cours judiciaires. Au dessus d'eux, le pouvoir fédéral a, comme celui des États-Unis, une autorité législative et un tribunal fédéral qui correspond à la Cour Suprême d'Amérique. Or, le tribunal fédéral ne peut déclarer nulle une loi fédérale quand bien même elle serait en conflit avec la Constitution.

On a dit (1), il est vrai, qu'en Suisse les lois sont soumises au referendum du peuple et, qu'après avoir reçu cette consécration populaire, elles sont inviolables. Les cours ne pourraient désormais les déclarer inconstitutionnelles (2). C'est une grave erreur. Le referendum en

(1) Sir Francis Ottiwel Adams. *La confédération suisse*, p. 275. *Id*. Dicey, ouv. cité, p. 161 et 162.

(2) Dans un article de la Law quaterly Review (janvier 1885) Dicey tire de l'existence du referendum un argument différent : « L'autorité de l'Assemblée suisse excède nominalement l'autorité du Congrès parce qu'en réalité le corps législatif suisse est plus faible que le Congrès. Car, tandis que dans les deux cas se tient à l'arrière-plan un souverain législatif capable de contrôler l'action de la législature ordinaire, le pouvoir souverain est beaucoup plus aisément mis en jeu en Suisse qu'en Amérique. Quand le pouvoir souverain peut aisément faire exécuter sa volonté, il peut se fier à sa propre action pour

effet ne fut organisé en Suisse qu'à partir de 1874, et déjà avant 1874 la règle existait qu'un tribunal ne pouvait annuler une loi fédérale. De plus, le referendum n'a pas pour effet de donner à la loi ce caractère intangible qu'on lui accorde ici. La constitution de 1874 dispose en effet que le tribunal fédéral reçoit valablement les recours contre les actes des autorités, lorsque ceux-ci violent les droits garantis aux citoyens suisses par la constitution fédérale ou par les constitutions cantonales (art. 113) (1). Or ces actes peuvent avoir pour fondement une loi cantonale, aujourd'hui soumise comme telle à l'approbation du peuple.

Il faut remarquer toutefois que Dicey tire précisément argument de cette disposition constitutionnelle de 1874 et la cite à l'appui de sa thèse. « Rien, dit-il, ne met en plus « vive lumière la connexion qui existe entre le fédéra- « lisme et cette fonction remarquable du corps judiciaire « que l'histoire de la Suisse moderne. Les constituants « de 1848 désiraient donner au Bundesgericht beaucoup « moins d'autorité que n'en possède la Cour Suprême « américaine..... Mais les nécessités nées des circons- « tances étaient trop vives pour les hommes d'État « suisses ; la revision de 1874 a grandement accru les « pouvoirs du tribunal fédéral (2). »

maintenir ses droits ; lorsque, comme en Amérique, ce même pouvoir n'agit que rarement et avec difficulté les Cours deviennent naturellement les gardiennes de la volonté du souverain, exprimée dans les articles de la Constitution. » L'existence du *referendum* ne rendrait donc pas le contrôle des cours impossible, mais simplement inutile. Même idée dans Bryce, ouv. cité, t. I, p. 260.

(1) M. Esmein, ouv. cité, p. 396.

(2) The Law quaterly Review. Janv, 1885,

Le raisonnement est intéressant à noter, mais la conclusion qu'en tire Dicey ne s'impose nullement. La disposition de 1874 prouve de façon certaine que le referendum n'est pas un obstacle à l'examen des lois par le Judiciaire, et c'est ce qu'en déduit logiquement M. Esmein. Il est au contraire téméraire de la considérer comme un acheminement vers le système américain. Ce qui existe en Suisse diffère en effet profondément de ce qui se pratique aux États-Unis, presque tous les auteurs le reconnaissent (1). D'abord le tribunal fédéral suisse n'est pas la seule autorité compétente pour déclarer un acte cantonal contraire à la constitution fédérale : dans certains cas le recours est porté non pas devant cette cour, mais devant le Conseil fédéral, sorte de cabinet exécutif de la Confédération. De plus, que cette mission doive ou non lui être confiée un jour, cette cour n'a jamais, actuellement, à apprécier la validité d'une loi fédérale.

Henry Wade Rogers (2) prétend, il est vrai, que, selon quelques auteurs suisses, le tribunal fédéral ne pourrait pas appliquer une loi qui serait en conflit avec la constitution fédérale. Mais il reconnaît en même temps que le courant de la théorie et de la pratique est en sens contraire.

Peut-être est-il intéressant enfin de rappeler qu'en Allemagne, où les tribunaux peuvent déclarer nulle une loi d'État quand elle est en conflit avec la constitution de l'Empire, ils ne peuvent pas déclarer une loi d'empire inconstitutionnelle (3).

(1) Notamment Bryce, ouv. cité, I, p. 260.

(2) Course of Lectures before the political science association of the University of Michigan.

(3) Jellineck, Gesetz und Verordnung, p. 401.

II. — D'autres auteurs ont donné du système l'explication suivante :

La justice n'est pas autre chose que la fonction de la souveraineté qui consiste à appliquer la loi. Le pouvoir chargé de cette fonction doit avoir une force égale à celle des organes chargés des autres fonctions de la souveraineté. Pour cela, il ne faut pas confiner la mission du judiciaire dans les limites du droit privé ; il faut que, d'une façon générale, il ait compétence chaque fois qu'il s'agira de juger une contestation née de l'interprétation de la loi, qu'il ait compétence, en un mot, aussi bien pour les questions de droit public que pour les questions de droit privé.

Sinon, dit cette théorie, on aboutirait à une conséquence inadmissible : on aurait des lois ordinaires qui obligent les autorités administratives et que le juge sanctionne en annulant ou en refusant d'appliquer les actes illégaux de ces autorités, alors que les lois constitutionnelles, qui sont les lois des lois, n'auraient aucune sanction.

Il est impossible d'admettre que ce soit là l'explication du système américain. Il faudrait dire, si on l'acceptait, que tout acte des Chambres, ayant ou non le caractère législatif, pourrait être annulé par les tribunaux américains pour inconstitutionnalité. Or, cela est faux : il y a beaucoup d'actes du Congrès qui échappent à l'examen des tribunaux, tels que la déclaration de guerre, les actes législatifs relatifs aux relations commerciales avec les puissances étrangères, aux questions monétaires, etc.

III. — Ces deux théories sont donc inacceptables. Leur inexactitude, selon moi, tient à ce qu'elles confondent deux questions différentes et leur donnent une solution unique. Il faut, pour expliquer le système, le décomposer :

1° pourquoi une loi peut-elle être déclarée inconstitutionnelle? 2° pourquoi est-ce au juge qu'il appartient de la déclarer telle ? C'est là une distinction essentielle, que certains auteurs en Europe ont négligé de faire mais qu'on retrouve chez tous les Américains.

Qu'une loi puisse être déclarée inconstitutionnelle, c'est une conséquence de la théorie générale de toute constitution limitative. Le pouvoir souverain aux États-Unis réside dans le peuple; lui seul a, en principe, le droit de légiférer ; mais, comme il ne peut exercer lui-même ce droit, il a, par une loi suprème ou constitution, donné au Congrès un pouvoir délégué et limité de législation. Le statut passé dans les limites de ce pouvoir, conformément à la Constitution, est fort de toute l'autorité de la Constitution (1) ; ces bornes franchies, l'acte est nul. Le Congrès, en le passant, n'était pas réellement un corps légiférant, mais une simple réunion de personnes privées (2).

Dans beaucoup d'États européens, tels que l'Angleterre, l'Italie, on ne fait pas la distinction entre le pouvoir constituant et le pouvoir législatif, ou plutôt ils sont l'un et l'autre renfermés dans le Parlement. S'il y a, en effet, dans ces pays des lois qu'on pourrait appeler fondamentales parce qu'elles organisent les pouvoirs de l'État, règlent leurs rapports entre eux, ces lois émanent de la législature et peuvent être changées par elle. Les bases fondamentales du pays peuvent alors être renversées par le pouvoir législatif. C'est ainsi que le Parlement, en Angleterre, pourrait changer les règles de dévolution de la couronne, supprimer la Chambre des Lords, la Chambre des Communes.

(1) Bryce, I, 245.
(2) *Id.*

Aux États-Unis, il en est tout autrement. Le peuple a d'abord réglé certaines questions, par des clauses de la constitution, et les a mises ainsi hors de la compétence du législateur. Puis, pour légiférer sur toutes les questions non encore tranchées, pour passer en un mot les lois ordinaires, il a délégué, sous certaines conditions, ses pouvoirs au Congrès.

En Angleterre le Parlement est tout-puissant. Aux États-Unis le Congrès est doublement restreint. Il ne peut faire de lois que pour certains objets spécifiés dans la Constitution ; en ce faisant, il ne doit transgresser aucune disposition de ladite constitution. Le fleuve ne peut pas remonter au dessus de la source (1).

Bryce exprime ces idées par des exemples saisissants. Supposons, dit-il, qu'un propriétaire charge son intendant de toucher les fermages pour lui ou de payer les dettes dues aux fournisseurs : l'intendant n'a évidemment pas autorité pour lier ce propriétaire par aucun acte qui excède les instructions à lui données, comme, par exemple, de contracter pour l'achat d'un terrain.

Une compagnie de chemins de fer a reçu pouvoir d'édicter des amendes jusqu'à la somme de quarante shellings ; elle passe un bye-law qui punit toute personne montant dans un train en marche d'une amende de cinquante shellings ou d'une semaine d'emprisonnement : ce bye-law est nul ; c'est-à-dire qu'il n'est pas une loi ; aucun magistrat ne peut condamner à l'emprisonnement ou à une amende de cinquante shellings la personne accusée d'y avoir contrevenu (2).

(1) Bryce, I, 242.
(2) Bryce, I, p. 245.

L'analogie est frappante entre la situation de ce mandataire, de cette compagnie, et celle du Congrès.

Si un acte du Congrès peut être déclaré inconstitutionnel et nul, c'est que le Congrès n'a que des pouvoirs limités, c'est qu'il n'a le droit de légiférer que selon les prescriptions de la constitution. __

John Marshall a exposé cette théorie d'une façon magistrale dans l'affaire Marbury contre Madison :

« Les pouvoirs du législateur sont définis et limités, et, pour que ces limites ne puissent être ni méconnues ni oubliées, la constitution est écrite. Dans quel but ces pouvoirs sont-ils limités et dans quel but cette limitation est-elle confiée à l'écriture, si ces limites peuvent, à tout moment, être franchies par ceux qu'elles ont pour objet d'arrêter ? La distinction entre des pouvoirs limités et des pouvoirs illimités est supprimée si ces limites n'enferment pas ceux à qui elles sont imposées, et si les lois qu'il leur est interdit comme celles qu'il leur est permis de passer sont obligatoires. C'est une proposition trop simple pour qu'on la nie, qu'il faut ou que la Constitution contrôle tout acte législatif qui lui est contraire, ou qu'il soit permis au législateur d'altérer la constitution par une loi ordinaire.....

La Constitution est ou bien une loi supérieure, suprême, qu'on ne peut changer par les moyens ordinaires, ou bien un acte au même niveau que les actes législatifs ordinaires et que la législature pourra modifier quand il lui plaira.

Si la première partie de l'alternative est vraie, un acte législatif.contraire à la constitution n'est pas une loi. Si la seconde partie est vraie, alors les constitutions écrites sont des tentatives absurdes de la part d'un peuple pour limiter un pouvoir de sa nature illimitable.

Un acte de la législature contraire à la Constitution est nul. Cette théorie est essentiellement liée à l'existence d'une constitution écrite et doit être considérée comme un des principes fondamentaux de notre société » (1).

Et les mêmes arguments se retrouvent dans de nombreux jugements, notamment dans de Chastellun v. Fairehild (15, Penn 5 à 18) (2) dans Sill v. Cornig (15 n. v. 303) et dans presque tous les auteurs américains : Hamilton (3), Story (4), J. Kent (5), Cooley (6),

---

(1) J. Marshall, on the Federal Constitution, p. 24, Marbury v. Madison.

(2) « Il est vain d'affirmer que l'autorité de chaque branche du gouvernement est définie et limitée par la constitution, s'il n'y a pas un pouvoir indépendant ayant la puissance et la volonté de rendre effectives ces restrictions. » Chief Justice Gibson.

(3) *The Federalist* no LXXVIII. « Il n'y a pas de proposition qui dépende de principes plus clairs que celle-ci : Que tout acte d'une autorité déléguée contraire à la tenure de la commission sous laquelle elle s'excerce est nul. Aucun acte législatif contraire à la Constitution ne peut, en conséquence, être valide. Prétendre qu'il peut l'être, ce serait affirmer que le député est plus puissant que son constituant, que le serviteur est au dessus du maître, que les représentants du peuple sont supérieurs au peuple lui-même, que l'homme qui agit en vertu d'un pouvoir peut faire non seulement ce que ce pouvoir ne lui permet pas de faire mais ce qu'il lui interdit de faire. »

(4) « Cela résulte de la théorie même d'une constitution républicaine, car sinon les actes des pouvoirs législatif et exécutif seraient suprêmes et sans contrôle, malgré toutes prohibitions ou limitations contenues dans la Constitution » p. 428, § 1570).

(5) Part. III, lect. XX.

(6) « Le peuple, en créant la constitution, l'a délégué (le pouvoir législatif) pour certains objets et sous certaines restrictions au Congrès de l'Union » p. 172, et page 41.

Webster (1), Marshall (2), Sumner Maine (3).

Partout le raisonnement est le même. Je n'ai fait que le reproduire. Que l'inconstitutionnalité d'une loi tient au caractère limitatif de la constitution sous laquelle la législature exerce ses pouvoirs, c'est une proposition qu'il suffit de démontrer pour qu'elle apparaisse évidente.

C'est une question plus délicate de déterminer le pouvoir chargé de faire respecter cette constitution. Nous avons vu qu'aux États-Unis c'est le pouvoir judiciaire qui sanctionne les prescriptions dictées par le peuple dans le pacte fédéral. Mais ce choix ne semble pas s'imposer; plusieurs exemples dans d'autres pays, et notamment en France, en sont la preuve. Si ce droit des cours judiciaires de prononcer sur l'inconstitutionnalité d'une loi s'explique historiquement par la tradition, comment s'explique-t-il théoriquement?

C'est aux juges qu'il appartient, dans tous les pays, d'appliquer la loi, c'est-à-dire de soumettre un cas particulier aux règles générales posées par le législateur. C'est une mission souvent difficile, mais peu compliquée dans les pays d'Europe : tout acte passé dans les formes requises par le

(1) On the Independence of the judiciary Works, t. III, p. 25.

(2) Selon Marshall, ne pas admettre ce système « ce serait déclarer qu'un acte qui, suivant la théorie de notre gouvernement, est entièrement nul, est cependant en pratique complètement obligatoire. Ce serait déclarer que si le législateur s'avisait de faire ce qui lui est expressément interdit, l'acte ainsi fait, malgré la prohibition expresse, aurait effet en réalité.... C'est prescrire des limites et déclarer que ces limites peuvent être franchies à plaisir » (Marshall, ouv. cité, p. 26).

(3) Essais sur le gouvernement populaire, p. 303.

Législatif est une loi. Aux États-Unis, un acte de la législature n'est pas une loi valable en soi par cela seul qu'il a été régulièrement voté par le Congrès.

Il n'est loi que s'il n'est pas en contradiction avec une disposition constitutionnelle. Comment savoir si l'acte invoqué devant un tribunal est une loi et doit être appliqué comme tel, sinon en le mettant en présence de la Constitution (1).

Tout cela paraît résulter des termes mêmes du pacte fédéral « ..... la Constitution et les lois des États-Unis qui seront faites conformément à celle-ci seront la loi du pays. »

Cet examen des actes législatifs pourrait être fait par une autorité autre que le pouvoir judiciaire, qui n'aurait plus alors qu'à appliquer la loi reconnue valable et désormais

(1) « L'administration de la justice publique est confiée aux cours. Pour accomplir ce devoir, la première chose requise est de s'assurer des faits, la seconde de déterminer la loi qui est applicable. La constitution est la loi fondamentale de l'État ; en opposition avec elle toute autre loi, toute ordonnance ou décret doit être nul et sans force. Si, en conséquence, une semblable loi, ordonnance ou décret semble être applicable aux faits, mais, qu'en la comparant avec la loi fondamentale, on la trouve en contradiction avec celle-ci, la Cour, en déclarant quelle est la loi qui gouverne le cas, doit nécessairement en déclarer l'invalidité et par là en annuler les effets... » Cooley, Constitutional Limitations, p. 45. « Si un acte de la législature est vide, lie-t-il les cours malgré son invalidité et les oblige-t-il à lui donner effet ? Ou, en d'autres termes, bien que ce ne soit pas une loi, constitue-t-il une règle aussi impérative que si c'en était une ? L'admettre serait détruire en fait ce qui est établi en théorie et semblerait une absurdité trop grosse pour qu'on la prît en considération. » (Marshall, *On the Federal Constitution* p. 25).

obligatoire. Mais ce serait enlever au Judiciaire une partie de ses fonctions.

Pour reconnaître si une loi est en désaccord avec la Constitution, il faut les mettre l'une à côté de l'autre et les examiner attentivement. Il importe de déterminer la portée de la loi, la signification exacte des termes de la Constitution. Du sens qu'on y attache dépend leur accord ou leur contradiction.

C'est généralement une tâche délicate qui requiert des aptitudes spéciales, une certaine subtilité, la connaissance des précédents qui peuvent éclairer la question, en tout cas une grande habitude à saisir exactement le sens et la portée d'une loi. C'est, en tout cas, un travail d'interprétation. C'est donc aux cours, chargées de l'interprétation des lois, qu'il appartient de déclarer un statut inconstitutionnel (1).

Peut-on nier, en effet, que la Constitution soit une loi? C'est la loi fondamentale du pays, antérieure et supérieure à toutes autres, émanée du peuple qui est le législateur suprême.

Peut-on dire qu'elle ne donne pas lieu à interprétation? Une constitution n'est pas un ensemble de principes absolus et intangibles. C'est, dans les États fédéraux surtout, une œuvre compliquée qui règle mille rapports, c'est une série de compromis entre des intérêts divergents, et souvent peu précis pour ménager les susceptibilités. Les clauses en sont le plus souvent susceptibles de nombreuses interprétations, dont les partis sont prompts à faire prévaloir l'une ou l'autre au gré de leurs intérêts;

(1) V. Bryce, I, p. 246 et s.

les luttes entre fédéralistes et républicains en sont la preuve.

Si elle est une loi susceptible de diverses interprétations, c'est au pouvoir judiciaire qu'il appartient, par la nature même de ses fonctions, d'interpréter la Constitution (1).

Ce droit des cours, ainsi exposé, s'exerce de la façon la plus simple et la plus logique. Un cas se présente devant les tribunaux, ceux-ci ont à décider quelle loi lui est applicable. Il se trouve que deux lois, en contradiction l'une avec l'autre, commandent le cas, une loi particulière et la Constitution. La loi supérieure est la Constitution: c'est donc elle que les Cours devront appliquer. « S'il arrivait qu'il y eût, dit Hamilton (2), une contradiction irréconciliable entre les deux lois, celle dont le caractère obligatoire et la validité sont supérieurs devrait naturellement être préférée ; en d'autres termes, c'est la Constitution qui devrait être préférée au statut, la volonté du peuple à celle de ses agents. »

« La règle qui a prévalu dans les Cours pour déterminer la validité relative des lois est que la dernière en date sera préférée à la première. Mais c'est là une pure règle d'interprétation qui ne dérive d'aucune loi positive, mais de la nature du fait et de la raison. C'est une règle qui n'est pas imposée aux Cours par des dispositions législa-

(1) « L'interprétation des lois est le domaine propre et particulier des cours. Une constitution est, en fait, une loi fondamentale et doit être regardée par les juges comme telle. Il doit par conséquent leur appartenir d'en fixer le sens, aussi bien que le sens de toute loi particulière émanée du corps législatif ». *The Federalist*, n° 78 Hamilton.

(2) *The Federalist*, n° 78.

tives, mais adoptée par elles comme conforme à la vérité et convenable pour diriger leur conduite en tant qu'interprètes de la loi. Mais en ce qui concerne les actes en opposition d'une autorité supérieure et d'une autorité subordonnée, d'un pouvoir original et d'un pouvoir dérivé, la nature du fait et la raison indiquent que la règle opposée est celle qu'il convient de suivre (1-2). »

Les tribunaux exercent donc ce pouvoir comme une de leurs fonctions naturelles. Il n'a rien d'exceptionnel, puisque, comme l'observent quelques auteurs américains, les autres départements du gouvernement peuvent aussi avoir à se prononcer sur l'inconstitutionnalité d'une loi : le pouvoir législatif qui, avant de passer un acte, doit rechercher s'il ne sera pas en opposition avec la Constitution ; le pouvoir exécutif qui doit se livrer au même examen sur la loi, qu'il peut frapper de son veto s'il la juge inconstitutionnelle (3-4).

Aussi tous les auteurs américains ont-ils considéré ce pouvoir comme absolument normal, et l'ont-ils admis unanimement sans discussion. Les objections sont venues d'Europe.

Suivant M. Larnaude (5) le raisonnement des auteurs américains et notamment de Story, qu'il prend plus particulièrement à partie, reposerait sur une erreur. Comparer le conflit d'une loi avec la Constitution au conflit de lois

(1) *The Federalist*, n⁰ 78, par Hamilton.

(2) Même raisonnement dans Story, p. 428 § 1570, et dans Marshall, p. 25.

(3) Cooley, Lectures, p. 39 ; Constitutional Limitations, p. 159 et s.

(4) Ce n'est pas le seul motif pour lequel il peut opposer son *veto*. Il exerce ce droit en toute liberté.

(5) Cours de Droit public, Faculté de Droit de Paris, 96-97.

ordinaires est certainement ingénieux, mais c'est une confusion. Dans le conflit de lois, le juge a à choisir entre deux lois également valables ; il se décide par des motifs tirés du procès. Il ne porte ainsi aucune atteinte à l'autorité du législateur. Ici, au contraire, il s'agit de décider si le juge a dépassé les limites de ses attributions. C'est un rôle politique, dit M. Larnaude. Cette opinion très respectable, est partagée par la majorité des auteurs français. C'est l'objection classique contre le système américain : elle a une valeur incontestable.

On peut y répondre toutefois. Dans un conflit de lois, ce ne sont pas toujours deux lois valables qui sont en présence. Il se peut que le juge ait à statuer entre deux lois dont l'une abroge l'autre implicitement, parce qu'elle lui est postérieure. Ici l'hypothèse est la même absolument que celle qui se présente quand on examine si une loi est inconstitutionnelle. Ainsi la loi du 3 mai 1841, sur l'expropriation pour cause d'utilité publique, n'exige pas la transcription du jugement d'expropriation pour l'effet translatif de propriété. La loi du 23 mars 1855 l'exige d'une façon générale. La loi du 3 mai 1841 a-t-elle été abrogée par la loi de 1855 ? Telle est la question qui peut se présenter devant les tribunaux et dont la solution ne peut être tirée du procès. Il s'agit uniquement de comparer la force obligatoire de deux lois.

Ce point de vue est exactement celui de Hamilton dans le passage que j'ai cité tout à l'heure ; je n'y reviens donc pas.

Par contre, le raisonnement de Story, Hamilton, Cooley, Marshall, semble exact à nombre d'auteurs français, notamment à M. Esmein (1).

(1) Eléments de droit constitutionnel, p. 397.

Mais, si l'on doit reconnaître que leur théorie s'appuie sur des arguments très précis et peu discutables, il est difficile de prétendre avec eux qu'elle repose sur les termes mêmes de la constitution (1).

Si l'on en excepte l'art. 6, que la Constitution et les lois des États-Unis qui seront faites conformément à celle-ci seront la loi du pays, on ne trouve rien de précis sur la question. Encore cet article sert-il plutôt à éclairer le raisonnement qu'il ne fournit un argument bien péremptoire.

Les auteurs américains ont été quelquefois très loin dans cette voie, jusqu'à soutenir que le pouvoir des juges ressort de plusieurs dispositions de la Constitution. La plus importante est que : le pouvoir judiciaire des États-Unis s'étend à tous les cas qui s'élèvent sous la Constitution. Quels seraient le sens et l'utilité de cette phrase, disent les partisans de cette théorie, si la Constitution ne devait pas être examinée ? Peut-on admettre qu'un cas qui s'élève sous la Constitution soit décidé sans que celle-ci soit prise en considération ? Cela est trop extravagant pour qu'on le soutienne, dit Marshall (2). Et du moment qu'on admet que la Constitution n'est pas fermée aux juges, qu'ils peuvent l'examiner, il faut admettre qu'elle est tout entière soumise à leur interprétation.

Mais ce n'est pas là le seul texte que cite J. Marshall. Il voit encore un argument à sa théorie dans la disposition qu'aucun bill d'attainder ou loi *ex post facto* ne peut être passée. Car si, un bill semblable étant passé, une

(1) Marshall, Hitchkock, *contrà* Bryce, p. 251.
(2) Ouv. cité, p. 26.

personne était poursuivie sous l'empire de ce bill, comment admettre que la Cour pût condamner à mort ces victimes que la Constitution s'efforce de préserver ?

De même, quand la Constitution dispose que « nul citoyen ne sera convaincu de trahison à moins du témoignage de deux témoins ou d'une confession en audience publique », peut-on admettre que ce principe doive céder devant un acte législatif qui le renverserait ? Ici la Constitution s'adresse directement aux Cours ; c'est-à-dire que c'est à elle qu'incombe le devoir de maintenir ce principe placé hors du domaine du législateur.

Et John Marshall conclut (1) de ces exemples que l'observation de la Constitution a été imposée par ses auteurs aussi bien au pouvoir judiciaire qu'à la législature. Ces textes ne me semblent pas bien convainquants. Ils disposent évidemment *de eo quod plerumque fit* et présument que la Constitution sera respectée par la législature. Les constituants, par ces articles, ont enjoint aux cours d'observer les prescriptions du pacte qu'ils passaient ; rien ne fait admettre qu'ils aient prévu le cas où ce pacte serait illégalement modifié par le législateur.

On peut faire la même réponse à l'argument tiré du serment imposé aux juges par la Constitution. « Combien il serait immoral, dit Marshall (2), de l'exiger d'eux, s'ils devaient être employés comme instruments, et instruments conscients, à la violation de ce qu'ils ont juré de défendre ! »

Et, selon Marshall, l'opinion de la législature elle-même est en ce sens, puisqu'elle impose au juge, à son entrée

(1) Ouv. cité, p. 27.
(2) *Id.* p. 27.

en fonction, un serment en ces termes : « Je jure solennellement que j'administrerai la justice sans considération
de personnes et ferai égale justice au pauvre et au
riche ; que je remplirai fidèlement et impartialement tous
les devoirs qui m'incombent, au mieux de mes capacités
et de mon intelligence, conformément à la Constitution et
aux lois des États-Unis ». C'est donc la Constitution qu'il
doit respecter avant même les lois des États-Unis.
N'est-ce pas dire qu'il doit faire prévaloir les règles constitutionnelles sur la législation ordinaire ?

Il est certain que donner pour appui, même accessoire,
à ce pouvoir si remarquable des tribunaux américains la
place qu'occupe un mot dans le texte de la Constitution,
c'est attribuer à la phraséologie une importance exagérée.

Ces arguments tirés du texte peuvent tout au plus servir
à confirmer une démonstration déjà faite, Marshall lui-
même l'avoue ; c'est un argument apporté à une preuve.
Car il n'y a dans la Constitution rien de précis, rien qui se
rapporte directement au système en vigueur.

Le droit des juges de déclarer une loi inconstitutionnelle est compris dans le pouvoir d'interpréter les lois :
c'est là la seule explication admissible de ce droit.

Le caractère limitatif de la Constitution d'une part,
d'autre part les larges pouvoirs d'interprétation du juge
américain, sont les deux éléments constitutifs du système
de l'inconstitutionnalité des lois aux États-Unis.

CHAPITRE II

PREMIÈRE SECTION

CONDITIONS

§ I. — Quels sont les tribunaux qui peuvent appliquer le système.

Il y a, aux États-Unis, deux classes de tribunaux : les tribunaux locaux, dépendant des États particuliers, et les tribunaux fédéraux, dépendant de l'Union. Leur compé·tence respective n'est pas déterminée par l'étendue du territoire, mais par la nature du procès qui leur est soumis. Ils sont en un mot superposés. Cette situation s'explique aisément. Les tribunaux locaux existaient avant la déclaration d'indépendance ; c'était les seuls tribunaux chargés de rendre la justice dans l'étendue de l'État. L'Union ne les fit naturellement pas disparaître ; ils se maintinrent avec la souveraineté des États, dont le pouvoir judiciaire est un des attributs.

Mais alors furent créées les cours fédérales. L'existence

d'une législature fédérale, le Congrès, appelait l'établissement de tribunaux pour interpréter ses lois et dont la juridiction fùt proportionnée aux pouvoirs de la législature.

Ç'avait été une des faiblesses de la Confédération qu'il n'existât alors aucun moyen de donner effet aux décisions du Congrès (1), parce que les cours des États ne dépendaient aucunement de ce corps sans autorité et se montraient peu disposées à lui prêter assistance. La création d'une union plus étroite rendait plus nécessaire encore l'organisation de tribunaux nationaux ; car les cours locales n'étaient pas propres à régler des différends entre divers gouvernements, des litiges entre leurs sujets et ceux d'autres États ; placées sous le contrôle de leur propre État, elles auraient pu se voir contraintes de méconnaître toute loi fédérale que celui ci aurait désapprouvée, elles auraient souvent négligé de lui donner effet (2). Un nouveau système de tribunaux prit naissance, dont la Constitution traça les traits principaux et que le Congrès perfectionna par des statuts. Ce furent les cours fédérales.

Le pouvoir judiciaire fédéral s'étendit naturellement sur tout le territoire de l'Union, où fonctionnaient déjà

(1) « Une circonstance qui couronne les défauts de la Confédération reste à mentionner : le défaut d'un pouvoir judiciaire. » *The Federalist*. n° 22, par Hamilton.

(2) « La suprématie nationale doit être ainsi étendue, comme je le conçois, au département judiciaire. Si ceux qui doivent interpréter et appliquer les lois, sont liés absolument par leurs intérêts et leurs serments aux Etats particuliers et non à l'Union, il est possible que la participation de l'Union dans la confection des lois puisse être rendue inutile. » Lettre de J. Madison à Washington, datée du 16 avril 1787. V. aussi *The Federalist*, n° 3, par Jay.

et continuèrent de fonctionner, chacune dans son domaine, les judicatures des États-Unis. Mais tandis que les États formaient pour ces derniers les limites extrêmes de leur compétence, ils ne pouvaient être pour le pouvoir judiciaire fédéral que de simples circonscriptions, des départements. Cet état de choses nécessitait la création d'une Cour Suprême qui fût le centre du système, reçût les appels des cours inférieures et maintînt l'uniformité de décisions. « S'il y a dans chaque État une cour de juridiction finale, il peut y avoir sur le même point autant de décisions finales différentes qu'il y a de cours..... Pour éviter la confusion qui résulterait inévitablement de décisions contradictoires d'un certain nombre de judicatures indépendantes, toutes les nations ont jugé nécessaire d'établir un tribunal suprême..... autorisé..... à déclarer en dernier ressort une règle uniforme de justice civile. Cela est encore plus nécessaire quand la structure du gouvernement est si composite que les lois de la nation courent le danger d'être violées par les lois des parties » (1).

C'est pourquoi la Constitution décida que le pouvoir judiciaire des États-Unis serait renfermé dans une Cour suprême et dans telles cours inférieures que le Congrès pourrait de temps en temps ordonner et établir (2).

Placées au dessous de la Cour Suprême, ces cours inférieures, dont la détermination est laissée à l'arbitraire

(1) *The Federalist*, n° 22, par Hamilton.
(2) « The judicial power of the United States shall be vested in one Supreme Court and in such inferior courts as the Congress may from time to time ordain and establish... » art. III, sect. I.

du législateur, furent les cours de circuit (1) et les cours de district (2).

Les tribunaux aux États-Unis se rangent donc en deux classes : 1° les tribunanx fédéraux, qui comprennent une Cour suprème et des cours inférieures, cours de circuit et cours de district ; 2° les tribunaux locaux ou des États.

La distinction entre ces deux classes de cours judiciaires est d'autant plus marquée aujourd'hui que le mode de recrutement de leurs juges diffère sensiblement.

Pour assurer l'indépendance des cours fédérales, les constituants décidèrent, sans grande opposition, comme je l'ai indiqué dans un chapitre précédent (3), que les juges y seraient nommés par l'Exécutif, inamovibles, et que leur traitement ne pourrait être augmenté ni diminué durant leurs fonctions.

La même raison avait fait admettre les mêmes principes dans les États, bien avant la déclaration d'indépendance. Sauf deux ou trois exceptions, les juges étaient nommés par le Gouverneur et inamovibles (4), et Hamilton, à la Convention de Philadelphie, en tira même argument pour faire appliquer le même mode de nomination aux juges fédéraux. Cinquante ans après la guerre de l'indépendance ces idées prévalaient encore. Mais dès 1816

(1) Les cours de circuit ne se composent pas de juges permanents ; elles sont formées par un juge de district et un juge de la Cour Suprême qui se réunissent deux fois par an dans chaque district. Ces juges, passant d'un district à un autre, font pour ainsi dire un circuit.

(2) Les cours de district se composent d'un juge qui tient annuellement quatre et quelquefois trois sessions.

(3) V. p. 42.

(4) Story, p. 478, § 1614.

Jefferson déclarait que « l'élection de la magistrature est le complément nécessaire du principe républicain », déclaration qui portait ses fruits, car dès 1830 un revirement se produisait. Introduit alors dans l'État du Mississipi, le système électif se propagea (1). Il a porté une grave atteinte à l'intégrité des magistrats locaux, tandis que les juges fédéraux, toujours inamovibles et nommés par l'Exécutif, jouissent d'une réputation méritée d'honneur et d'indépendance.

Les tribunaux de ces deux classes ont-ils également le droit de déclarer la loi inconstitutionnelle? Ou bien ce droit n'appartient-il qu'à une de ces deux catégories, uniquement aux tribunaux d'États ou aux cours fédérales seules?

C'est évidemment aux tribunaux locaux qu'il appartient d'écarter la loi locale contraire à la constitution de l'État particulier. Mais leur compétence en cette matière n'est pas exclusive, car les cours fédérales pourraient aussi écarter de ce chef la loi d'un État particulier au cas où elle serait régulièrement invoquée dans un débat porté devant elles. Les États ne pourront se montrer jaloux de cette autorité, puiqu'elle sera employée à maintenir leur constitution.

S'il est évident que c'est aux tribunaux d'États qu'il appartient d'écarter la loi locale contraire à la constitution de l'État, il est aussi logique que revienne au pouvoir judiciaire fédéral la mission de défendre la Constitution de l'Union. C'est en effet ce qu'ont décidé les constituants en disposant que la juridiction des cours fédérales s'étendrait « aux cas en droit et en équité s'élevant sous la

(1) De Noailles, ouv. cité, p. 220.

constitution et les lois des États-Unis » (1). C'est faire
rentrer dans la compétence des cours fédérales toutes les
causes dans lesquelles l'une des parties invoque la constitution ou une loi fédérale. Il suffit, en un mot, qu'un individu dans un procès appuie sur l'un de ces actes sa
demande ou sa défense pour que la judicature fédérale
puisse connaître du litige.

La règle est très nette ; personne n'a jamais songé à la
contester. « Cela me semble à peine admettre la controverse, dit Hamilton (2),..... car il faut toujours qu'il y ait
une méthode constitutionnelle de donner effet aux dispositions de la constitution. »

Il était aisé en effet de se mettre d'accord sur le sens
des termes « s'élevant sous la constitution et les lois des
États-Unis ». Ils déterminaient clairement l'étendue de la
compétence des cours fédérales. Mais la constitution ne
disait pas si cette compétence était exclusive, et ce fut sur
ce point que la controverse s'éleva. Ces causes dont la
connaissance appartenait au pouvoir judiciaire fédéral pou
vaient-elles être portées cependant devant d'autres tribunaux, c'est-à-dire devant les tribunaux d'États? Le seul
passage de la constitution qui pût fournir une solution
était « que le pouvoir judiciaire fédéral serait renfermé
dans une Cour Suprême et dans telles cours inférieures
que le Congrès pourrait de temps en temps ordonner et
établir ».

Or, cette disposition pouvait signifier que seules la Cour

____

(1) « The judicial power shall extend to all cases, in law and equity,
arising under the Constitution, the laws of the United States..... »
art. III, sec. 2.

(2) *The Federalist*, nᵒ 80.

Suprême et les cours fédérales inférieures que le Congrès établirait auraient le pouvoir de décider des cas de ce genre, qui sont essentiellement de leur compétence. On pouvait aussi la comprendre dans ce sens que les organes du Judiciaire fédéral seraient une Cour Suprême et autant de cours subordonnées que le Congrès jugerait à propos d'en établir.

Dans la première interprétation, il n'y avait pas place pour la juridiction des tribunaux d'États ; d'après la seconde, au contraire, cette juridiction pouvait leur être donnée par le Congrès, s'il les admettait au nombre de ces cours inférieures dont la détermination lui était confiée. Les tribunaux d'États dans ce dernier cas auraient pu connaître de ces causes au même titre que les cours fédérales subordonnées, c'est-à-dire en premier ressort, sauf appel à la Cour Suprême.

Hamilton, qui exposait cette alternative dans le *Fédéraliste*, se prononçait pour la seconde solution. « Comme la première, écrivait-il, conduirait à une aliénation des pouvoirs des États de façon implicite, la seconde m'apparaît comme l'interprétation la plus défendable » (1-2).

Ce fut, en effet, la solution qui fut admise. Les cas s'élevant sous la Constitution et les lois des États-Unis peu-

(1) *The Federalist*, nᵒ 81, Hamilton.

(2) Hamilton prétendait en même temps qu'un appel était passible des tribunaux d'États aux cours fédérales inférieures. « Le plan de la Constitution..... divise ensuite la juridiction de la Cour suprême en originale et d'appel, mais ne définit aucunement celle des cours subordonnées..... Cela semble laissé à la discrétion de la législature. Cela étant, je ne perçois aucun inconvénient à établir un appel des cours d'États aux cours nationales subordonnées. » Hamilton, *the Federalist*, 81.

vent être portés devant les tribunaux d'États. Cette solution fut confirmée par le *Judiciary Act* du 24 septembre 1789 qui règle les conditions de l'appel des tribunaux d'États à la Cour Suprème.

Cette loi décide le renvoi à la Cour Suprème des États-Unis « du jugement ou arrèt final de tout procès, rendu en la haute Cour de loi ou d'équité d'un État, dans lequel une décision pouvait être rendue qui mit en question la validité d'un traité ou statut des États-Unis ou l'autorité exercée par les États-Unis, et dans lequel cette décision était en fait contre leur validité ; du jugement ou arrèt final de tout procès dans lequel est contestée la validité du statut d'un État... sous prétexte de son opposition à la Constitution nationale, et dans lequel la décision est en faveur de la validité ; du jugement ou arrèt de tout procès dans lequel un titre, droit, privilège ou immunité est réclamé du chef de la Constitution, d'un traité, d'un statut........... lorsque la décision est contre le titre, le droit, le privilège ou l'immunité spécialement établi ou réclamé par l'une ou l'autre partie sous ladite Constitution, lesdits traité, statut.............. » (1).

Deux conditions sont donc exigées par cet « Act » pour que l'appel soit possible : 1° il faut que, la Constitution ou la loi fédérale étant invoquée, le tribunal se soit prononcé sur la valeur de son autorité, soit en l'admettant, soit en la repoussant. Il ne suffirait pas que cette autorité ait été mise en question dans le cours du procès. Il faut 2° que le juge se soit prononcé contre l'autorité de cette Cons-

---

(1) C'est en 1816 et 1821 que furent rendues les premières décisions qui établissaient l'autorité de la cour suprème comme cour d'appel des cours d'États sur les « questions fédérales ». Bryce, I, p. 268.

titution ou loi. S'il en a reconnu la validité, la décision n'est pas sujette à appel.

Quelques exemples feront comprendre aussitôt ce système. Le gouvernement d'un État a confisqué les biens d'un citoyen. Ce dernier, alléguant qu'il n'a pas été condamné régulièrement, intente une action en justice sur le fondement de la Constitution des États-Unis qui dispose « qu'aucun État ne privera les individus de la vie, de la liberté ou de la propriété, sans un procès régulier et légal. » Le tribunal d'État devant lequel l'affaire a été portée déclare que le procès préalable a été régulier et légal. Il n'y a pas lieu à appel devant la Cour Suprême ; car s'il est vrai que l'autorité de la Constitution aurait pu être mise en question, elle ne l'a pas été.

Au contraire, dans le même cas, le tribunal reconnaît que le procès préalable est entaché d'illégalité, mais repousse cependant la prétention du demandeur, prétextant que dans l'espèce les prescriptions constitutionnelles ne s'appliquaient pas. L'autorité de la Constitution des États-Unis, invoquée par le demandeur, est mise en doute : l'appel devant la Cour Suprême est possible.

Un État passe, pour punir certains délits, une loi rétroactive et partant contraire à la Constitution. Un individu est poursuivi pour un des délits qu'elle prévoit. Il allègue pour sa défense que l'infraction est antérieure à la loi et que celle-ci ne peut l'atteindre sans violer la Constitution des États-Unis qui interdit aux États les lois rétroactives. Le tribunal condamne l'accusé attendu que le délit était postérieur à la promulgation de la loi : pas d'appel possible à la Cour Suprême. Au contraire, le tribunal condamne l'accusé tout en reconnaissant l'antériorité de son infraction ;

la validité de la Constitution, invoquée par le défendeur, est méconnue : l'appel est possible.

La solution est des plus heureuses et des plus logiques. Si le tribunal a donné effet à l'acte fédéral, constitution ou loi, il en a par là même reconnu et affirmé la supériorité. Les cours fédérales n'auraient pu faire davantage pour maintenir la suprématie nationale. Elles n'ont pas à jouer leur rôle dans la question, puisqu'il a été tenu par d'autres.

Si au contraire les tribunaux locaux ont méconnu cette suprématie (1), c'est alors que les cours fédérales qui en sont les gardiennes ont à intervenir pour le défendre (2-3).

(1) Voici un exemple récent d'une décision d'un tribunal local écartant une disposition de la Constitution fédérale. La Cour Suprême de la Caroline du Sud a jugé, le 19 octobre 1889, que : « le statut qui oblige les individus résidant en dehors de la Caroline du Sud à fournir la caution *judicatum solvi* n'est pas inconstitutionnel. Il n'est pas, dit l'arrêt, en contradiction avec la deuxième sec. de l'art 4 de la constitution fédérale qui prescrit aux Etats particuliers de reconnaître aux citoyens des autres Etats les mêmes droits qu'aux nationaux. » (Clunet, 1889, p. 899.)

(2) « Le département judiciaire peut décider de la validité de la constitution ou d'une loi d'un Etat, si elle est contraire à la constitution ou à une loi des Etats-Unis. Est-il déraisonnable qu'il ait aussi le pouvoir de prononcer sur le jugement d'un tribunal d'Etat donnant autorité à une semblable loi inconstitutionnelle ? » Marshall, ouv. cité, p. 250, Cohen v. State of Virginia.

(3) On a fait observer que ce système stimulait les tribunaux d'Etats à rendre une exacte justice. La possibilité d'un appel devant la Cour suprême les conduira à passer des jugements plus équitables pour ne pas encourir le blâme moral de la Cour fédérale. En même temps, ils s'efforceront de défendre la constitution et les lois fédérales parce que ce sera pour eux le seul moyen de rendre une décision souveraine.

La Constitution et les lois fédérales sont ainsi à l'abri de toute atteinte.

En résumé, c'est la Cour Suprème qui, en appel, connaît des cas qui s'élèvent sous la Constitution et les lois des États-Unis (1). En première instance ce sont: 1° les cours d'États, jugeant tantôt en premier et dernier ressort tantôt sauf appel, suivant les distinctions que je viens d'indiquer; 2° les cours fédérales inférieures, ou cours de circuit et cours de district, dont toutes les décisions sont sujettes à appel (2) ».

§ II. — Dans quels cas les tribunaux peuvent-ils déclarer l'insconstitutionnalité.

C'est aux cours fédérales et aux tribunaux locaux qu'il appartient d'écarter la loi inconstitutionnelle.

Mais l'exercice de ce pouvoir exige trois conditions générales :

---

(1) C'est ainsi qu'elle a déclaré tout récemment que les dispositions du Dispensary act de la Caroline du Sud interdisant l'importation des liqueurs par d'autres que des fonctionnaires de l'État étaient inconstitutionnelles comme restreignant le commerce entre les États. (Janv. 97. Scott et al. v. Mc Donald.)

C'est ainsi encore qu'elle a déclaré nulle une loi de la Louisiane, en mars 1897, comme privant illégalement un citoyen de sa liberté, et une loi de Nebraska, en 1898, comme contraire à l'amendement XIV de la Constitution fédérale.

(2) La cour de circuit de la Nouvelle-Orléans, le 18 décembre 1895, reconnaissait constitutionnel le « Sugar Bounty Act ». Appel fut porté à la Cour suprème des Etats-Unis.

1° Il faut qu'il y ait contrariété entre la loi et la Constitution ;

2° Il faut que la question de constitutionnalité s'élève à l'occasion d'un procès ;

3° Il faut que la validité de la loi soit une question préjudicielle.

Première condition. — La contrariété entre une loi et la Constitution suppose que toutes deux s'appliquent à un même cas, prévu à la fois par une disposition de la première et une clause de la seconde, et que, de plus, chacune d'elles lui donne une solution opposée, de telle sorte qu'on ne puisse appliquer à ce cas la Constitution sans violer la loi, ni la loi sans méconnaître l'autorité de la constitution.

Voici deux exemples dans lesquels il va y avoir inconstitutionnalité manifeste. Prenons d'abord le cas d'un acte du Congrès inconstitutionnel :

Une loi votée par le Sénat et la Chambre établit un impôt sur le revenu, la Constitution des États-Unis spécifie que les impôts doivent s'appliquer aux choses et non aux personnes (art. 1, sec. 9). Quelques contribuables refusent de payer et, invoquant la Constitution, intentent un procès à l'État qui réclame l'application de la loi nouvelle (1).

Voici maintenant l'exemple d'une loi d'État contraire à la Constitution fédérale : Une loi locale accorde certaines faveurs aux débiteurs insolvables, la Constitution des

____

(1) Loi promulguée par le président Mc. Kinley et déclarée inconstitutionnelle par la Cour Suprème (Political science quaterly, juin 1895).

États-Unis déclare qu'aucun État ne peut diminuer l'obligation née d'un contrat (art. 1, sec. 10). Le débiteur, poursuivi en justice par son créancier, réclame le bénéfice de la nouvelle loi, le demandeur invoque au contraire l'autorité de la Constitution (1).

Dans ces deux cas il est impossible d'appliquer la loi sans écarter la Constitution, et réciproquement. C'est en cela précisément que consiste la contrariété. C'est alors seulement que le juge, donnant effet aux dispositions de la Constitution, peut et doit écarter la loi.

Mais comment le juge reconnaîtra-t-il cette contrariété? Sur quel fondement la déclarera-t-il? Il faut qu'il y ait dans la Constitution un texte précis sur lequel il puisse faire reposer son opinion. Il faut, pour qu'il puisse déclarer une loi contraire à la Constitution et l'écarter de ce chef, que celle-ci soit en contradiction formelle avec une disposition constitutionnelle. Il ne suffit pas que la loi viole un droit naturel, méconnaisse un principe de droit ou d'équité, si ce droit, si ce principe ne sont pas expressément mentionnés et garantis par le pacte fondamental.

Il est logique en effet, puisque la Constitution sert de barrière contre les empiètements du pouvoir législatif, qu'elle soit aussi la limite des pouvoirs du juge. Si ce dernier pouvait trouver en dehors du texte même de la Constitution des prétextes à intervenir contre l'autorité du législateur, ses pouvoirs seraient exorbitants. Lui permettre de les fonder sur des idées abstraites et forcément vagues de bon sens et d'équité, sur des idées personnelles

(1) Loi de New-York passée en 1811 pour le bénéfice des débiteurs insolvables, déclarée inconstitutionnelle en 1819 dans Sturges v. Crowninshield.

de justice, ce serait substituer la volonté du juge à celle du législateur. Ce sont ces considérations qui ont donné naissance à la règle que le juge, pour déclarer une loi inconstitutionnelle, ne peut s'appuyer que sur une disposition de la Constitution. De cette formule la jurisprudence a fait des applications nombreuses et a tiré des conséquences importantes.

I. — Une cour ne peut pas déclarer une loi inconstitutionnelle sous prétexte que les dispositions en sont injustes ou oppressives, ni parce que les juges la considèrent comme violant les droits naturels, sociaux ou politiques des citoyens, à moins qu'il ne soit prouvé que ces dispositions injustes sont prohibées ou que ces droits violés sont garantis et protégés par la Constitution.

Certains juges ont pensé toutefois qu'il serait aussi dangereux de tomber dans l'excès contraire et de laisser se commettre une injustice sous prétexte que la Constitution ne l'a pas expressément prévue et interdite.

On ne peut pas présumer, disent-ils, que les plus graves atteintes à la justice et aux droits naturels ont été autorisées par cela seul que la Constitution ne s'y oppose pas par des dispositions formelles (1).

« Dans un gouvernement qui professe le respect des grands droits de liberté et de propriété privée, on ne doit pas présumer que les grands principes de la Magna Charta doivent être méconnus, ni que les propriétés des citoyens peuvent leur être enlevées sans jugement. Mais s'il pouvait paraître que le pouvoir de les leur enlever ait été

______

(1) « Il y a en vérité quelques grandes autorités qui soutiennent que les actes contraires aux premiers principes de droit sont nuls. » Verplanck dans l'affaire Cochran v. Surlay, 20 Wend 381-383.

confié par la Charte à l'Assemblée générale de Rhode-
Island, comme un exercice de souveraineté, avant la Révolution, on peut à peine imaginer que ce grand événement aurait laissé le peuple soumis à l'exercice incontesté
et arbitraire de ce pouvoir... On ne doit pas présumer que
le peuple s'est séparé de droits aussi essentiels à sa sécurité et à son bien-être sans l'expression directe et vigou-
reuse d'une intention semblable.

Nous ne connaissons aucun cas dans lequel un acte
législatif, passé en vue de transférer la propriété de A à B
sans son consentement, ait jamais été considéré comme
un exercice constitutionnel du pouvoir législatif dans
aucun État de l'Union. Au contraire, un tel acte a toujours
été combattu comme incompatible avec les principes de justice par tout tribunal devant lequel on a essayé de lui
donner effet (1). »

« Il est clair, disait encore le juge Story, que les statuts passés contrairement aux principes de droit commun
et de commune raison sont absolument nuls et sans effet
en tant qu'ils ont pour but d'agir contrairement à ces
principes » (2).

Dans l'affaire Bowman contre Middleton (3), la Cour
soutint « qu'un acte qui privait un citoyen de sa propriété
(freehold) et la transmettait à un autre était nul, comme
contraire à la Common Law aussi bien qu'à la Magna
Charta. »

Et dans plusieurs autres causes on trouve l'exemple
d'une loi écartée comme « opposée aux principes fonda-

____

(1) Wilkinson v. Leland, 2 Pet 657.
(2) Ham v. Mac Claws, 1 Boy 98 ; *id.* Terret v. Taylor, 9 Cranch 43.
(3) 1 Bay 282.

mentaux de droit et de justice inhérents à la nature et à l'esprit du pacte social » (1-2).

Ce sont là autant d'exceptions à la règle que le juge doit, pour déclarer l'inconstitutionnalité, s'appuyer sur un texte précis.

Les juges ont ici d'eux-mêmes étendu leurs pouvoirs dans l'intérêt de la justice. Ils se sont arrogé la fonction de redresseurs de torts; or, non seulement elle ne leur a été reconnue nulle part, mais c'est de plus une mission pleine de difficultés, dans lesquelles le juge risquera fort de perdre son autorité et son prestige. Rendre une décision sans pouvoir lui donner l'appui inébranlable d'un texte, c'est s'exposer à la voir discutée et combattue. Aussi certains juges, se reconnaissant le droit de faire prévaloir les principes de raison et de justice, ne veulent-ils l'exercer que dans le cas d'une injustice évidente que personne ne pourrait contester. C'est l'opinion exprimée par le Chief Justice Hosmer dans le jugement suivant :

« Avec ces juges qui affirment l'omnipotence de la législature dans tous les cas où la Constitution n'a pas posé une règle explicite je ne peux m'accorder... S'il y avait une violation de droit évidente, trop palpable pour qu'on la nie, je ne pourrais point m'empêcher de la considérer comme une violation du pacte social et comme tombant sous le contrôle du Judiciaire » (3).

Même ainsi réduite, cette extension des pouvoirs du juge est arbitraire. Gardien des droits reconnus aux citoyens par la Constitution, le Judiciaire n'est pas le gar-

---

(1) Régents of University v. Williams, 9 Gill and J. 365.
(2) *Id.* Benson v. Mayor etc. of New-York, 10 Barb 244,
(3) Goschen v. Stenington, 4 Com. 225,

dien des droits qui devraient leur être reconnus. Lui permettre d'en augmenter la liste, ce serait lui donner une part du pouvoir constituant.

Cette autorité que s'arrogent les cours présente surtout les plus graves dangers d'usurpation. Si elles ne s'en tiennent pas aux termes précis de la constitution, il n'y a plus aucune limite à leurs pouvoirs que celle qu'elles consentiront à reconnaître ; elles pourront toujours invoquer un principe abstrait de justice ou d'équité pour mettre en échec le pouvoir judiciaire ; s'appropriant indirectement le droit de faire la loi, elles jouiront dans l'État d'une puissance illimitée.

Il faut en conclure que l'observation des principes généraux de justice est laissée au législateur (1), et qu'ils n'ont pour lui qu'une valeur morale s'il ne sont affirmés par la constitution : « Si la législature passe une loi en termes simples et sans équivoque, je ne connais pas d'autorité dans ce gouvernement pour déclarer nulle une semblable loi uniquement parce que, dans l'opinion du tribunal, elle est contraire aux principes de justice naturelle, car cela..... conduirait nécessairement à des conflits entre le département législatif et le département judiciaire » (2).

C'est aux sages dispositions de ce jugement qu'il faut, je crois, se rallier, en reconnaissant avec Cooley (3) que « les cours ne sont pas les gardiennes des droits du peuple

(1) « ... le principe est incontestablement valable comme la règle directrice d'une législature vis-à-vis de ses propres actes ou même de ceux d'une législature précédente. » Verplanck, affaire déjà citée.

(2) Commonwealth v. Mc. Closkey, 2 Rawle 374.

(3) Ouv. cité, p. 167.

et des États, à moins que ces droits ne soient garantis
par une disposition constitutionnelle..... Elles ne peuvent
pas lutter (1) sur les points de droit, de raison et de nécessité avec le pouvoir qui fait les lois. »

II. — Les cours ne peuvent pas non plus déclarer une
loi inconstitutionnelle parce qu'elle leur semble violer les
principes fondamentaux du gouvernement républicain,
à moins que ces principes n'aient été placés hors de l'atteinte du législateur par la constitution.

Ce sont généralement des principes assez vagues, trop
peu précis en tout cas pour servir de base à un arrêt de
justice. Ils sont exprimés en effet ou bien dans une idée abstraite comme l'idée de liberté, susceptible d'interprétations
multiples, ou bien dans une maxime en apparence très
nette, mais trop générale pour être appliquée sans réserve.
Il suffit de citer en exemple la maxime : nul ne peut être
imposé sans son consentement. Si ces principes ne sont
pas exactement déterminés quant à leur vrai sens et à
leur portée, ils sont susceptibles d'une extension presque
indéfinie.

Ne peut-on pas soutenir en effet que le principe de la
liberté s'oppose à l'acquisition de la propriété d'un citoyen
malgré son refus, même au prix d'une juste et préalable
indemnité? Ne peut-on pas également prétendre que la
maxime que nul ne peut être imposé sans son consentement, qui exige que l'imposé ait le droit de vote, s'oppose
à ce que la propriété des femmes soit taxée, puisqu'elles
n'ont pas voix dans le choix des représentants? que

(1) L'expression anglaise est beaucoup plus énergique : « to run a
race », courir une course.

l'individu privé du droit de suffrage ne peut être soumis à l'impôt?

L'expropriation pour cause d'utilité publique est cependant admise dans les pays les plus libéraux ; elle est même implicitement reconnue par la Constitution des Etats-Unis (1), sans que les constituants aient eu l'intention de violer un des grands principes du gouvernement républicain. La privation du droit de vote n'a jamais entraîné une exemption d'impôts ; la propriété des femmes est sujette à la taxe, bien que le droit de suffrage ne leur ait pas été reconnu.

On ne peut cependant pas soutenir ici que les maximes citées plus haut aient été méconnues. Mais on n'a jamais songé à les appliquer sans réserve et de façon inflexible. Ce n'est pas les violer que de les faire céder devant des considérations de nécessité politique ou sociale.

Quant au point de savoir jusqu'où elles doivent céder, c'est une question d'appréciation qui est laissée au législateur. Et si les cours prenaient sur elles cette détermination, elles usurperaient le rôle du législateur. Comme les principes de justice, ces maximes républicaines, quand elles ne sont pas énoncées dans la Constitution, sont pour la législature de pures règles morales que le juge n'a pas le pouvoir de faire respecter.

III. — Les juges ne peuvent non plus fonder leurs jugements d'inconstitutionnalité sur l'esprit présumé de la Constitution. Les laisser invoquer un motif aussi élastique, ce serait leur donner le pouvoir d'écarter toute loi à leur

____

(1) « La propriété ne sera pas prise pour l'usage public sans une juste indemnité. » C'est dire que moyennant cette indemnité elle peut l'être.

gré. L'intention du législateur peut aisément, quand elle n'est pas exprimée littéralement, être interprétée dans le sens qu'on veut lui donner ; ce serait pour le pouvoir judiciaire un prétexte toujours prêt d'intervention.

Les juges eux-mêmes ont compris qu'étendre ainsi leurs pouvoirs au delà de toute limite serait illégal et même impolitique par les haines et les jalousies qu'ils pourraient faire naître. Ils se sont prudemment abstenus d'invoquer l'esprit de la Constitution et ont toujours, quand l'occasion s'en est présentée, reconnu et affirmé que ce droit ne leur appartenait pas.

« Quand la loi fondamentale n'a pas limité soit par des termes exprès, soit par déduction nécessaire, les pouvoirs généraux confiés à la législature, nous ne pouvons pas déclarer l'existence d'une restriction, sous le prétexte d'avoir découvert dans l'esprit de la Constitution quelque chose qui n'est pas mentionné dans l'instrument » (1).

« Il est difficile, dit d'autre part le sénateur Verplanck, de limiter l'omnipotence du pouvoir législatif souverain par l'intervention judiciaire, si ce n'est autant que les termes exprès d'une constitution écrite donnent au Judiciaire cette autorité..... Mais ce n'est que dans une disposition constitutionnelle expresse, limitant le pouvoir législatif et contrôlant la volonté temporaire d'une majorité par une loi permanente et suprême, établie par la volonté délibérée de la nation, que je peux trouver un terrain sûr et solide où faire reposer l'autorité des cours de justice à déclarer nul un acte législatif » (2).

<hr>

(1) People v. Fisher. 24 Wend 220.
(2) Verplanck dans Cochran v. Surlay, 20 Wend 381-383. *Id.* People

La principe semble ainsi parfaitement résumé, en termes absolument clairs, par le sénateur Verplanck. Il faut, pour que le juge soit autorisé à déclarer une loi inconstitutionnelle, qu'elle soit en contradiction avec un texte formel de la Constitution.

Telle est la règle. J'en ai montré les conséquences. Elle suppose des exceptions ; et les mots « soit par déduction nécessaire », contenus dans un jugement que je viens de citer, le font prévoir déjà (1).

Nul ne songerait à prétendre que le législateur peut méconnaître un droit reconnu aux citoyens dans la constitution, sous le prétexte qu'aucune disposition constitutionnelle ne lui a interdit d'y toucher. La déclaration de ce droit est elle-même une prohibition et n'est insérée dans la Constitution que dans le but de restreindre le pouvoir législatif (2). C'est là « une déduction nécessaire. »

v. Gallogher, 4 Mich 244 ; Benson v. Mayor, etc. of Albany, 24 Barb. 254 et s.

(1) « Il ne s'ensuit pas cependant que, en tout cas, les cours, avant qu'elles puissent déclarer une loi sans effet, doivent pouvoir trouver dans la constitution quelque disposition expresse qui ait été violée. Les prohibitions ne sont importantes que si elles ont la nature d'exceptions à une concession générale de pouvoirs ; et si l'autorité nécessaire pour faire un acte n'a pas été accordée par le souverain à son représentant, il ne peut être nécessaire de l'interdire... Quand le pouvoir législatif seul est délégué à un département et le pouvoir judiciaire à un autre, il n'est pas important d'interdire à l'un de juger des causes, à l'autre de faire des lois. L'accaparement du pouvoir judiciaire par la législature est, dans ce cas, inconstitutionnel, parce que, bien que n'étant pas expressément interdit, il est néanmoins inconciliable avec les dispositions qui ont conféré à un autre département le pouvoir que le législateur cherche à exercer. » (Cooley, *Constitutional Limitations*, p. 173 et s.).

(2) Cooley, p. 176.

De même la Constitution dispose que « la propriété ne
sera pas prise pour l'usage public sans une juste indemnité ». Il faut en conclure sans hésitation que la propriété
ne pourrait être prise dans un but privé, même contre
une indemnité (1). Car si les constituants avaient eu l'intention d'admettre l'expropriation pour cause d'utilité
privée, ils en auraient, à plus forte raison, fait mention
dans la Constitution, la légitimité de cette pratique étant
beaucoup plus contestable que celle de l'expropriation
pour cause d'utilité publique qu'ils ont pris soin d'auto-
riser.

La règle me semble être posée très nettement dans l'affaire Ogden v. Saunders où il fut déclaré : « que l'intention de la Constitution doit prévaloir, que cette intention
doit être tirée des termes mêmes et que ces termes doivent être compris dans le sens où ils sont généralement
employés par ceux à qui le pacte fondamental fut des-
tiné (2) ».

(1) Il est considéré maintenant comme une proposition universelle
et fondamentale... que la propriété d'un particulier ne peut pas être
prise dans un but strictement privé ... (Juge Nelson dans People v.
Morris, 13 Wend 328).

(2) Dans le même sens : John Marshall dans l'affaire Gibbons
v. Ogden. « Les termes sont : « le Congrès aura le pouvoir de régler
le commerce avec les nations étrangères, entre les différents États
et avec les tributs indiennes » ; le sujet à régler est le commerce et,
notre constitution étant... énumérative..., pour apprécier l'étendue
de pouvoir du Congrès, il devient nécessaire d'établir le sens du mot.

Si le commerce ne comprend pas la navigation, le gouvernement de
l'Union n'a pas de pouvoir direct à ce sujet et ne peut faire aucune
loi qui détermine quels sont les éléments constitutifs des vaisseaux
américains..... Toute l'Amérique comprendra que le mot commerce
comprend la navigation..... La Convention doit avoir employé le mot

En résumé, ce n'est pas sur des principes abstraits que les juges peuvent fonder leurs jugements d'inconstitutionnalité, c'est uniquement sur un texte précis de la Constitution. Mais, d'autre part, ce texte, il leur est permis d'en rechercher le sens avec un esprit assez large, de l'interpréter en un mot. Ils ne sont pas tenus, comme on le dit quelquefois à tort, de suivre la lettre de la Constitution. Ce serait là une interprétation étroite, judaïque, indigne de magistrats intelligents et éclairés.

Imposer au législateur l'observation rigoureuse des termes mêmes de la Constitution serait l'enfermer dans des limites trop étroites et rendre ainsi sa tâche impossible. Les constituants ont eux-mêmes laissé à entendre qu'on ne pouvait sans danger emprisonner la législature dans les mailles d'un texte, en lui reconnaissant une certaine liberté d'action : après l'énumération restrictive des pouvoirs du Congrès, celui-ci est autorisé, pour en faire usage, « à passer toutes lois qui seraient nécessaires et convenables dans ce but ». Ce qui eût été dangereux de la part des constituants ne le serait pas moins de la part des juges.

Tout ce développement montre que le rôle des juges, dans la déclaration d'insconstitutionnalité, consiste, comme dans toute autre partie de leurs fonctions, en une interprétation de textes, soit : de la Constitution et de la loi particulière. Mais, comme l'interprétation de l'une et de l'autre est soumise, dans ce cas particulier, à quelques règles spéciales, mon étude ne serait pas complète si je ne les exposais.

dans ce sens, parce que tous l'ont compris dans ce sens, et la tentative pour le restreindre arrive trop tard. »

L'examen de la constitution d'abord s'opère d'après des règles différentes, suivant que la cour examine la validité d'une loi du Congrès ou la validité d'une loi d'État.

Le Congrès n'a en effet que les pouvoirs qui lui sont reconnus par le pacte national et ne peut faire que les lois que le pacte l'autorise à passer. Car, créé par la constitution, il en tire son existence même, à plus forte raison ses pouvoirs. Le juge a-t-il à examiner la constitutionnalité d'un acte du Congrès? sa tâche se borne à rechercher si les pouvoirs qui sont accordés à cette assemblée sont assez larges pour lui permettre cet acte.

Les législatures d'États, au contraire, existaient avant la Constitution nationale, qui n'a pu que restreindre leurs pouvoirs par la création d'une autorité rivale. Elles ont naturellement conservé tous les pouvoirs que la constitution ne leur a pas enlevés. Pour savoir si un acte d'une législature d'État est conforme ou contraire à la Constitution des États-Unis, il suffira d'examiner si celle ci contient ou non une disposition qui s'oppose à un tel acte. Car « le pouvoir de légiférer des États ne reconnaît aucune limite, n'est lié par aucune restriction, si ce n'est celles qui lui sont imposées par la Constitution..... L'objet de celle-ci n'est pas d'accorder le pouvoir législatif, mais de le limiter et de le restreindre » (1).

D'autre part, le fait que du sens attribué à une loi dépend parfois sa validité conduira le juge à donner de cette loi dans bien des cas une interprétation quelque peu différente de celle qu'elle comporterait rigoureusement.

C'est ainsi, en considération des graves conséquences qu'entraîne la reconnaissance d'un conflit entre une loi et

____

(1) Sill v. Corning, 15 N Y 303.

la constitution, qu'il a été admis que le doute serait interprété en faveur de la constitutionnalité. Si le juge, après
avoir examiné attentivement l'acte législatif, avec le désir
de le trouver conforme à la Constitution, n'arrive pas à
reconnaître exactement s'il est ou non contraire à la loi
suprême, si la question reste pour lui douteuse, son devoir
est de maintenir l'acte législatif et de lui donner effet.
Cette solution est logique, car il est à présumer, jusqu'à
preuve certaine du contraire, que la constitution a été
observée ; elle est conforme aussi au respect dû à la législature, car seul un motif sérieux peut conduire à annuler
son œuvre.

Toute la jurisprudence est dans ce sens. Cooley la cite
et je ne puis mieux faire qu'en donner moi-même quelques extraits. « Si je ne pouvais faire reposer, dit le
juge Washington, mon opinion de la constitutionnalité de
la loi mise en question sur aucun autre terrain que ce
doute, ainsi éprouvé et reconnu, ce doute seul en serait,
à mon avis, une justification suffisante. Ce n'est que respect dû à la sagesse, à l'intégrité et au patriotisme du
Corps législatif par qui la loi est passée que de présumer
en faveur de sa validité jusqu'à ce que la violation de la
constitution soit prouvée au delà de tout doute raisonnable » (1).

« La question de savoir si une loi est nulle par son
opposition avec la constitution est toujours une question
de beaucoup de délicatesse qu'on doit rarement, si on le
doit jamais, résoudre par l'affirmative dans un cas douteux..... L'opposition entre la constitution et la loi doit

____

(1) Juge Washington dans Ogden v. Saunders, 12 Wheat 270.

être telle que le juge ait une conviction claire et forte de leur incompatibilité l'une avec l'autre. »

« Un doute raisonnable doit être résolu en faveur de l'action législative et l'acte maintenu » (1).

C'est encore par respect pour la législature et pour éviter toute occasion superflue de lui faire sentir leur autorité que les cours s'efforcent de donner à l'acte législatif le sens qui peut le rendre conforme à la Constitution. Leur désir de le faire se concilier avec la loi suprême les amène à lui donner quelquefois une interprétation différente de celle qu'il semblait d'abord comporter.

La règle est ainsi établie par la Cour Suprême de l'Illinois : « Chaque fois qu'un acte de la législature peut être interprété et appliqué de façon à éviter le conflit avec la Constitution et à lui donner force de loi, une telle interprétation sera adoptée par les cours. En conséquence, des actes de la législature passés en termes rétroactifs et qui, interprétés littéralement, invalideraient et détruiraient des droits acquis, sont considérés comme n'ayant effet que dans l'avenir ; car appliqués à des actes et transactions futurs seuls et agissant sur ces actes et transactions seuls, ce sont des règles de propriété en vertu desquelles le citoyen acquiert le droit de propriété et elles ne sont contraires à aucune limitation constitutionnelle ; mais comme lois rétroactives, elles atteignent et détruisent des droits existants......... Ainsi les actes de la législature ayant des éléments de limitation... bien que les termes en

(1) Marshall dans Fletcher v. Peck, 6 Cranch 128,

(2) Cooper v. Telfair (4 Dall 18) ; Flint River Steamboat Co v. Foster (5 Geo 194) ; Clarck v. People (26 Wend 606) ; Baltimore v. State (15 Md 376), etc.

soient assez larges pour frapper le droit lui-même et le frappent, prises littéralement, seront cependant interprétés limitativement.......... et comme s'appliquant à des actes futurs ; car, comme tels, ils sont valables, mais comme armes destructives de droits acquis ils sont nuls.......... » (1).

La Cour Suprême de New-Hampshire reconnaissait l'obligation « d'interpréter tout acte de la législature de façon à le rendre compatible, si possible, avec la Constitution », puis procédait à l'examen du statut, « sans s'arrêter à rechercher quelle interprétation pourrait lui être donnée d'après le sens naturel du langage employé » (2).

Et Cooley affirme que le juge Harris donnait l'opinion de la majorité des cours d'appel de New-York quand il disait : « Un acte législatif ne doit pas être déclaré nul sur un simple conflit d'interprétation entre le pouvoir législatif et le pouvoir judiciaire. Avant de procéder à l'annulation par sentence judiciaire de ce qui a été fait par la législature, il faudrait qu'il apparaisse clairement que l'acte ne peut être défendu par aucune interprétation raisonnable ni aucune présomption admissible » (3).

Enfin la Cour suprême de New-York déclarait que « la cour est tenue d'interpréter, si possible, le statut de façon à lui donner force et validité plutôt qu'à l'annuler ou à le rendre inefficace » (4).

Toutes les cours reconnaissent donc cette obligation, cette règle d'interprétation. Nul auteur ne le conteste.

---

(1) Newland v. Marsh (19 Ill 384).
(2) Dow v. Norris (4 N H 17).
(3) People v. Supervisors of Orange (17 N Y 241).
(4) Clarke v. Rochester (24 Barb. 471).

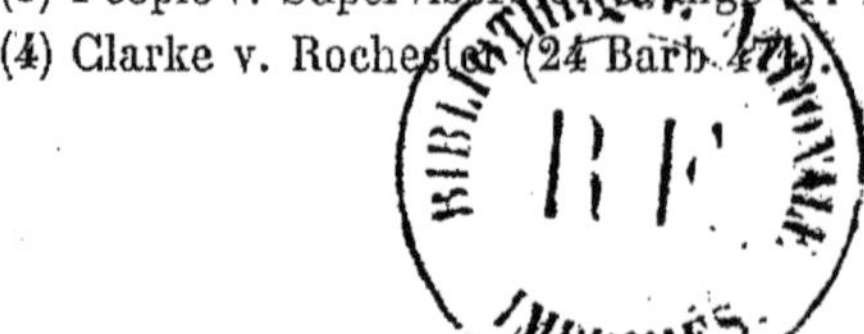

Enfin, s'il est vrai que la fonction des juges consiste en une interprétation de textes, il faut dire qu'elle ne consiste qu'en cela.

Lorsque, après avoir cherché le sens des termes de la Constitution et de l'acte législatif, ils les ont trouvés conformes ou opposés l'un à l'autre, ils n'ont plus qu'à déclarer la loi valide ou nulle, suivant l'un ou l'autre cas. Ils ne pourraient, sous aucun prétexte, lui donner effet, s'ils l'ont jugée contraire à la Constitution; ils ne pourraient, sous aucun prétexte, l'écarter comme nulle, après qu'ils l'ont reconnue conforme à la Constitution.

C'est une règle qui semble évidente et qu'il suffirait de mentionner si, sur le second point tout au moins, une opinion contraire n'avait été soutenue : les juges auraient eu le droit et le devoir d'écarter une loi même constitutionnelle s'ils ont acquis la conviction qu'elle a été votée par fraude ou concussion; en d'autres termes, les cours auraient eu le droit de s'enquérir des motifs du législateur. Cette théorie, plusieurs fois soutenue même à la barre des tribunaux (1), est assez aisée à réfuter; elle l'a été dans nombre d'arrêts qu'il me suffira de rappeler, car elle n'a jamais été admise par le judiciaire.

« Les juges ne peuvent pas, disait le Chief Justice Denio, imputer aux législateurs d'autres motifs que ceux que rendent publics leurs actes » (2).

« Nous ne sommes pas juges des motifs du législateur, et la cour n'usurpera pas la mission inquisitoriale de s'en-

(1) Sunbury and Erie Railroad Co v. Cooper (33 Penn St 278); Baltimore, v. State (15 Md 376).
(2) People v. Draper (15 N Y 545).

quérir de la « bona fides » de ce corps dans l'exercice de ses devoirs » (1).

Enfin le juge Gookins déclarait : « Les pouvoirs des trois départements ne sont pas simplement égaux, ils sont exclusifs quant aux devoirs assignés à chacun d'eux. Ils sont absolument indépendants l'un de l'autre. On propose maintenant qu'un des trois pouvoirs institue une enquête sur la conduite d'un autre département et introduise une question pour rechercher quels motifs guidaient le législateur dans le vote d'une loi.

Si cette proposition était admise, nous pourrions aussi nous enquérir des motifs par lesquels l'exécutif est conduit à approuver un bill ou à refuser son approbation, et, au cas où il la refuserait par corruption, exiger par notre ordre son approbation (2). Instituer l'enquête proposée serait une attaque directe contre l'indépendance de la législature et une usurpation de pouvoir subversive de la constitution (3). »

Cette opinion, partagée par tous les juges et exprimée en termes semblables dans d'autres procès (4), est bien celle qu'il faut adopter. Exposée nettement dans cet arrêt, elle met fin à la discussion : les juges ne peuvent s'enquérir des motifs du législateur (5) et ne peuvent écarter une loi constitutionnelle.

---

(1) Shankland dans la même affaire (15 N Y 555).

(2) By our mandate, force his approbation.

(3) Wright v. Defrees (8 Ind. 302).

(4) Notamment Mc Cullock v. State (11 Ind. 431).

(5) Ils ne pourraient pas davantage examiner l'utilité de la loi. Malgré l'évidence de cette règle un jugement, que rapporte H. L. Carson, a cru devoir la poser en termes formels.

Deuxième condition. Il ne suffit pas qu'il y ait contrariété entre la loi et la constitution pour que le juge puisse déclarer la loi inconstitutionnelle. La condition est nécessaire, elle n'est pas suffisante.

Il faut, pour que le tribunal puisse prononcer sur la validité d'un acte législatif, qu'il soit saisi d'un procès entre particuliers. Cette nécessité d'un procès maintient le pouvoir judiciaire dans sa sphère et ne lui permet pas d'empiéter sur les autres départements. C'est une condition très sage qui s'impose ainsi d'elle-même à l'exercice du pouvoir des cours et semble merveilleusement calculée pour permettre les heureux effets du système, en en supprimant les dangers.

De cette formule générale la jurisprudence a tiré les conséquences suivantes :

Il faut que le tribunal soit *saisi*, car sa fonction est de juger les questions qui lui sont présentées et non d'aller au devant elles. Il ne statue jamais d'office ; il attend pour intervenir qu'on l'y sollicite. En un mot, il ne s'empare pas lui-même de la question ; il faut qu'on la lui remette entre les mains.

En ne résolvant une question de constitutionnalité que lorsqu'il en est saisi, le pouvoir judiciaire reste dans les limites de ses fonctions ; il n'exerce pas un contrôle direct sur les autres départements, il n'excite pas de leur part la même jalousie que s'il prenait sur lui d'examiner et de réformer leurs actes. Comme il n'agit que lorsqu'il en est requis, il n'apparaît pas que c'est un pouvoir qu'il exerce, mais un devoir qu'il accomplit. On ne peut l'accuser d'agir mal à propos ou dans un intérêt personnel, par ambition ou jalousie. Son autorité se fait ainsi sentir moins lourdement, son prestige s'en trouve accru.

Il faut qu'il y ait un *procès*, procès actuel et défini. Le rôle du Judiciaire est en effet uniquement de servir d'arbitre dans les différends. Cette condition suppose nécessairement un plaignant dont les droits personnels se trouvent réellement atteints, puisqu'il est indispensable, pour qu'il y ait procès, qu'il y ait un intérêt. Sans intérêt pas d'action.

La question a été nettement résolue dans l'espèce suivante. Il a été jugé que l'exception d'inconstitutionnalité d'un statut qui dépouillait de leurs droits, contre leur volonté, les titulaires d'un droit de réversion, ne pouvait être opposée avec succès par le propriétaire du domaine, mais ne pouvait l'être qu'au nom des titulaires eux-mêmes (Sinclair v. Jackson 8 Cow 543) (1). Les droits du propriétaire ici ne sont pas atteints, il ne peut donc soulever la question d'inconstitutionnalité.

De même, une personne qui ne s'est pas opposée à l'exécution d'une loi confisquant sa propriété ne peut pas ensuite prétendre que la loi était contraire à une disposition de la constitution protégeant la propriété privée (2). Lors de cette confiscation, le propriétaire dont le droit se trouvait violé pouvait attaquer la loi comme inconstitutionnelle ; en acceptant cette confiscation, il renonçait implicitement à ses droits qui, par suite, n'existaient plus lors de sa réclamation tardive. Ce n'est donc qu'une application de la maxime : sans intérêt, pas d'action.

La nécessité d'un procès pour que le juge se prononce

----

(1) Exemple cité par Cooley, p. 163.

(2) Embury v. Conner 3 N Y 511 ; Baker v. Braman 6 Hill 17. Cité par Cooley, p. 163.

sur l'inconstitutionnalité d'une loi fait que celle-ci restera longtemps en vigueur avant d'être écartée. Rien n'apparaîtra dans l'acte pour montrer qu'il n'est pas valable; il sera obligatoire comme tout autre (1). Ce n'est que lorsqu'une personne sera lésée par lui dans ses droits, sa propriété, qu'elle pourra, appelant le pouvoir judiciaire à son aide, soutenir devant les juges l'inconstitutionnalité de l'acte et en demander l'annulation.

Mais rien n'autorise les cours à résoudre à l'avance la question de constitutionnalité; ce serait là le rôle d'un tribunal spécial, au contrôle duquel les lois seraient présentées et qui aurait pleine autorité pour les maintenir ou les annuler; c'était le rôle de la jurie constitutionnaire. C'est une fonction toute spéciale, qu'il eût fallu reconnaître expressément aux cours de justice.

Elles ne pourraient même, aux États-Unis, répondre à une question d'inconstitutionnalité qui leur serait posée par le pouvoir exécutif ou par le législatif. A plusieurs reprises, les juges refusèrent de répondre à de semblables requêtes de la part du Président.

En l'année 1793, le Président crut de son devoir de lancer une proclamation qui défendait aux citoyens des États-Unis de prendre aucune part dans les hostilités alors en cours entre la France et la Grande-Bretagne, les mettant en garde contre le fait de transporter de la contrebande de guerre et leur enjoignant de s'abstenir com-

---

(1) « Le respect pour la législature concourt donc avec les principes bien établis de la loi, écrit Cooley, dans la conclusion qu'un tel acte n'est pas nul, mais simplement annulable » (p. 163). Or, tandis que toute personne pourrait refuser d'obéir à un acte nul, l'acte annulable est obligatoire jusqu'à l'annulation.

plètement de tous les actes incompatibles avec les devoirs de la neutralité (1). Cette proclamation très sage fut approuvée par son cabinet. Mais elle était contraire aux sentiments de la foule, alors très favorable à la France; elle souleva de vives protestations et on la prétendit inconstitutionnelle. Le président Washington alors requit l'opinion des juges de la Cour Suprême; mais ceux-ci refusèrent d'émettre aucune opinion, soutenant que : « le Président n'a pas le droit de requérir l'avis du pouvoir judiciaire. Cette branche du gouvernement peut être appelée à décider les controverses qui lui sont présentées dans une forme légale, et se trouve en conséquence tenue de s'abstenir de toute opinion extra-judiciaire sur des points de droit, même devant une requête solennelle de l'Exécutif » (2).

En 1868 le président Jackson, ayant été mis en accusation, veut appeler la Cour Suprême à contrôler la constitutionnalité de l'acte qui a provoqué sa mise en accusation. « C'est en prévision de pareils antagonismes, dit l'un des avocats du Président, que nos pères ont eu la sagesse d'instituer le pouvoir judiciaire comme l'arbitre souverain dans toutes les questions douteuses ».

« Non, réplique le sénateur Ch. Summer (républicain), notre Cour Suprême n'est pas l'arbitre des volontés législatives. Sa mission consiste à statuer sur des procès définis, mais nullement à siéger en Cour de Cassation des décrets parlementaires ni à formuler des *vetos* tribunitiens. Un conflit entre une loi et la constitution doit être jugé comme tout conflit ordinaire entre deux lois; aucune

(1) Wait's American State papers 44.
(2) Reproduit par Story.

des attributions régulières de la Cour ne lui permet de toucher aux actes du Congrès, si ce n'est incidemment, et la sentence n'est obligatoire que pour les parties en cause. »

Cette règle, il n'y a pas d'exemple que la Cour Suprême s'en soit départie. Aussi Sumner Maine a-t-il pu dire qu'une déclaration d'inconstitutionnalité qui n'ait pas été provoquée par un litige défini est chose inconnue à la Cour Suprême (1).

Même pour permettre aux cours de répondre à une question de constitutionnalité posée par le pouvoir législatif, comme cela se pratique dans un petit nombre des États particuliers, il faudrait un texte. C'est la constitution de ces États qui autorise le département législatif à réclamer des cours leur opinion sur la validité constitutionnelle d'une loi proposée, afin que, si leur avis est défavorable à la loi, les législateurs puissent s'abstenir de la voter.

Cooley, qui cite cette disposition, en fait la critique en quelques mots, disant qu'il n'est pas probable que la décision des cours sera dans ce cas satisfaisante, privées qu'elles seront de la discussion et des arguments apportés à la barre.

Mais cet inconvénient n'est pas le seul. On pourrait aisément l'éviter en faisant discuter la loi contradictoirement devant le pouvoir judiciaire et en donnant ainsi au débat la forme d'un procès. Mais le danger principal, que ne cite pas Cooley, ne disparaîtrait pas. Le pouvoir judiciaire serait sorti de ses fonctions qui sont de trancher des litiges privés, de rendre la justice *entre particuliers.*

(1) Ouv. cité, p. 305.

C'est là le véritable domaine du pouvoir judiciaire. Il n'est que l'organe de la loi ; il est seul chargé d'appliquer au cas particulier qui se présente les dispositions générales dictées par le pouvoir législatif. Et les mots « entre particuliers » déterminent bien la fonction des cours, qui est de protéger les intérêts privés, de résoudre non des problèmes abstraits et généraux mais des questions concrètes et particulières. Et comme leur rôle est de régler ces litiges particuliers, quels qu'ils soient, elles ne peuvent invoquer que le procès est de trop minime importance pour s'abstenir d'apprécier la validité d'une loi. Il en résulte que le juge est quelquefois obligé de résoudre les plus graves problèmes de constitutionnalité à propos d'affaires insignifiantes, et que des arrêts entraînent des conséquences très graves, qui n'avaient pour but que de régler d'infimes intérêts privés.

C'est ainsi qu'en 1858, dans l'État de Californie, une loi votée par les Chambres et sanctionnée par le gouverneur ayant interdit l'immigration chinoise, un pauvre émigrant, Lin Sing, demanda à la Cour locale de déclarer la loi incontitutionnelle et obtint gain de cause.

En 1796, le citoyen Hylton refuse d'acquitter la taxe des voitures. Il est poursuivi et, à l'occasion de ce procès, la Cour Suprême est appelée à déterminer les pouvoirs du Congrès en matière d'impôts.

En 1820, en 1827, en 1848, un milicien réfractaire est condamné à l'amende. Le tribunal est appelé à traiter les plus hauts problèmes relatifs au droit de paix et de guerre : à quelle autorité appartient-il d'apprécier l'urgence de la convocation des milices en cas de guerre ou d'insurrection ? Est-ce à l'État particulier ou au Gouvernement fédéral, au Congrès ou au Président ?

Souvent cependant l'accessoire sera le principal, car il arrivera que des particuliers, pour obtenir l'opinion d'une Cour sur la constitutionnalité d'une loi, porteront devant elle un procès simulé qui ne pourra être tranché qu'après examen de la validité de la loi. Mais, même alors, la question de constitutionnalité ne cessera pas d'être l'accessoire pour les juges et, s'ils peuvent résoudre le litige sans apprécier la loi, c'est cette solution qu'ils adopteront.

Troisième condition. — Il faut, en effet, c'est la troisième condition à l'exercice de cette fonction par les juges, que l'appréciation de la constitutionnalité, pour leur être permise, soit absolument nécessaire à la solution du procès et qu'ils ne puissent pas se dispenser d'interpréter la loi sans faillir à leur devoir. Si cette appréciation, n'est pas indispensable, ils s'efforceront de trouver à leur arrêt un autre fondement. En d'autres termes, il faut que la question de constitutionnalité forme une question préjudicielle.

« Tandis que les cours ne peuvent pas refuser la discussion des questions constitutionnelles quand elles leur sont convenablement (1) présentées, elles ne sortiront pas de leur chemin pour aller au devant de ces matières. Elles ne chercheront pas à s'ingérer dans des questions aussi graves subsidiairement, ni en des occasions futiles. Il est à la fois plus convenable et plus respectueux envers un département coordonné de ne discuter les questions de constitutionnalité que lorsqu'elles sont la *lis mota* elle-même. Ainsi présentée et déterminée, la décision

(1) Fairly.

porte avec elle un poids auquel n'a droit aucune recherche extra-judiciaire (1) ».

Ainsi en 1868 un conflit éclate en Floride entre l'Exécutif et les Assemblées. Le gouverneur George Read est mis en accusation; ce dernier défère l'impeachment à la Cour inférieure locale en déclarant que l'acte est irrégulier. La Cour évite de statuer sur le fond du conflit entre le gouvernement et la législature et s'attache à voir si les formes légales ont été suivies pour l'impeachment. Elle répond négativement, d'où il suit que George Read est le gouverneur légal de la Floride.

*
* *

Ces trois conditions, qu'il y ait contrariété, procès entre particuliers, question préjudicielle, sont absolument nécessaires pour que le juge puisse apprécier la constitutionnalité d'une loi. Si une seule d'entre elles fait défaut, l'exercice de ce pouvoir ne lui est plus permis.

Mais, d'autre part, lorsque ces conditions se trouvent réunies le juge *doit* décider la question de constitutionnalité. Ce n'est pas pour lui une faculté, il ne peut s'y soustraire sous peine de forfaiture.

Il est tenu de prononcer sur une question de cette nature qui s'élève dans le cours d'un procès, quelles qu'en soient les difficultés et les complications. « Il n'a pas plus le droit, dit Story (2), de décliner l'exercice de la juridiction qui lui est donnée que d'usurper ce qui ne lui est pas donné. L'un et l'autre seraient trahir la Constitution. »

(1) Hoover v. Wood, 2 Brock 447.
(2) Ouv. cité, II, p. 428 § 1570.

DEUXIÈME SECTION

EFFETS DE LA DÉCLARATION D'INCONSTITUTIONNALITÉ

Le juge, quand il a reconnu une loi inconstitutionnelle, ne la déclare pas nulle. Il en écarte l'application. Il ne détruit pas l'œuvre du législateur, il refuse de lui donner effet.

Cette solution présente des avantages. D'abord, elle laisse au pouvoir législatif son indépendance. Le pouvoir judiciaire, en écartant une loi inconstitutionnelle, n'exerce pas, en effet, un droit de *veto* sur les actes du législateur, comme il arriverait s'il lui était permis de les annuler. La fonction qu'il accomplit n'implique pas de sa part une supériorité sur le législatif, ne suppose pas la subordination de ce dernier à l'autorité des cours, tandis que le droit reconnu au Judiciaire d'annuler la loi ferait de lui un pouvoir souverain, auquel toutes les décisions de la législature seraient soumises, dont les arrêts seraient sans appel, dont la prépondérance s'affirmerait dans l'État par un droit de contrôle absolu sur la législation.

Le pouvoir législatif ne peut se montrer jaloux ni inquiet de l'autorité des cours, parce que celles-ci ne touchent pas à son œuvre et n'empiètent pas sur són domaine. Et c'est précisément un second avantage qu'offre le système en vigueur que le Judiciaire, en écartant la loi inconstitutionnelle, reste dans la limite de ses pouvoirs, tels qu'ils résultent de la nature de ses fonctions, alors qu'il usurperait ceux du législateur en déclarant nul un acte législatif. Casser une loi, c'est exercer une action directe sur l'œuvre du législateur, c'est, dans la mesure même où s'exerce cette action, modifier la législation; or, modifier la législation, c'est en partie légiférer. Reconnaître au pouvoir judiciaire le droit d'écarter une loi serait donc lui permettre de partager la mission du législateur, de s'immiscer dans ses fonctions. Ce serait une grave atteinte au principe de la séparation des pouvoirs.

Au contraire, quand ils écartent la loi inconstitutionnelle, c'est en qualité de juges qu'agissent les membres du pouvoir judiciaire. La fonction des magistrats est, dans tous les pays, d'appliquer les lois émanées du pouvoir législatif. Le refus d'appliquer un statut, sous prétexte d'inconstitutionnalité, ne pourrait jamais constituer un empiètement sur les pouvoirs d'un autre département. Ce serait tout au plus, de la part des juges européens, un manquement à leurs devoirs, puisqu'ils sont tenus de donner effet à toute loi conforme ou non à la Constitution; c'est, pour les juges des États-Unis, au contraire, un exercice légal de leurs fonctions, qui consistent à donner effet non seulement à la loi ordinaire mais encore, et de préférence, à la Constitution.

La loi écartée par le juge ne cesse pas d'être une loi, mais elle ne produit pas d'effet.

Il y a donc entre le fait d'écarter un acte législatif et celui de l'annuler une différence remarquable. Une comparaison la fera mieux saisir.

En France, lorsque l'acte émané d'une autorité judiciaire excède les pouvoirs de cette autorité, le particulier lésé par cet acte peut l'attaquer devant le Conseil d'État pour excès de pouvoir, et si sa demande est reconnue fondée l'acte attaqué est annulé. Il peut aussi enfreindre les prescriptions édictées par l'autorité administrative et attendre d'être poursuivi pour cette infraction pour opposer l'exception d'illégalité. S'il réussit, le juge répressif devra refuser d'appliquer l'acte illégal (1). Mais celui-ci ne fera que l'écarter ; il ne l'annulera pas.

Le Conseil d'État fait exactement pour l'acte administratif qui excède les pouvoirs de l'autorité qui l'a passé ce que ferait un corps chargé de casser la loi inconstitutionnelle, ce que faisait le Sénat conservateur en France. Le juge répressif, en refusant d'appliquer l'acte illégal d'un maire par exemple, exerce le même pouvoir que le juge des États-Unis quand il écarte une loi excédant les pouvoirs du législateur.

L'acte du juge est donc bien simple : il n'agit pas sur la loi inconstitutionnelle, il la tient pour non avenue dans un cas particulier. En un mot, comme je l'ai déjà dit, le juge américain, quand il déclare une loi inconstitutionnelle, agit comme le juge répressif français vis-à-vis d'un réglement illégal. Son pouvoir n'est pas celui qu'exerce en France le Conseil d'État vis-à-vis des actes administratifs entachés d'illégalité. Il écarte, il n'annule pas.

I

Il y a cependant un cas où la non application d'une disposition législative peut présenter une difficulté et soulever un problème quelque peu délicat : c'est lorsque cette disposition contraire à la Constitution est contenue dans une loi qui n'est pas tout entière inconstitutionnelle. Sans doute cette disposition sera écartée, sans difficulté ; mais

____

(1) Art. 471, C. Pénal, 15.

la question se présentera de savoir si son inconstitutionnalité n'influe pas sur la validité de la loi, si l'acte inconstitutionnel pour partie ne doit pas être écarté pour le tout.

Une loi peut contenir en effet, à côté de dispositions
inconstitutionnelles, des mesures utiles, de sages prescriptions, qui ne soient nullement en désaccord avec la constitution. Il serait contraire à tous les principes de déclarer
ces dispositions nulles parce qu'elles sont contenues dans
le même acte que des dispositions inconstitutionnelles
dont elles sont séparées et indépendantes (1).

Le fait qu'une partie d'une loi est inconstitutionnelle
n'autorise donc pas toujours le juge à écarter la loi tout
entière, mais peut, dans certains cas, l'obliger à l'écarter.
Il n'y a pas, en cette matière, de règles fixes; c'est une
simple question d'appréciation pour les cours.

Elle se ramène à rechercher quel lien relie la partie au
tout, quel rapport existe entre la portée de la disposition
et l'objet du statut.

Si les dispositions constitutionnelles sont indépendantes
des autres et que, séparées, elles conservent encore leur
sens et leur portée et forment un tout complet, il n'y a
aucune raison pour ne pas les maintenir. Cela se produira,
notamment, lorsqu'une même loi aura plusieurs objets
prévus par des dispositions différentes. Une section du
code de l'Illinois interdisait de loger ou de recéler tout
nègre qui devait du service ou du travail à un tiers.... ou
d'empêcher en quelque façon que le propriétaire n'en
reprît possession d'une manière légale..... Cette dernière
partie fut jugée inconstitutionnelle; mais il fut décidé en
même temps que la première disposition, étant un règle-

(1) Cooley, ouv. cité, p. 177.

ment de police pour la préservation de l'ordre dans l'État, conservait, comme tel, sa valeur propre et devait être maintenue (1).

Au contraire, si toutes les dispositions du statut sont si intimement liées les unes aux autres qu'on ne puisse les détacher sans en modifier le sens et la portée ni sans violer évidemment l'intention du législateur, il faut décider que la loi tout entière doit être écartée et non plus seulement la disposition inconstitutionnelle (2).

Un statut réduisait le nombre des jurés à six et ordonnait que douze personnes seraient appelées parmi lesquelles il en serait choisi 6 qui prêteraient serment. Il fut décidé avec raison que, la réduction des jurés au nombre de six étant inconstitutionnelle, on devait écarter en même temps l'obligation pour six membres de prêter serment, parce qu'il n'était pas dans l'intention des juges de faire prêter serment à une partie seulement des jurés (3).

D'autres fois, l'intention du législateur apparaîtra bien moins certaine que dans les exemples cités, l'appréciation à laquelle doit se livrer le juge sera beaucoup plus délicate (4).

Quoi qu'il en soit, ce ne sont jamais que des complications apportées à la tâche du juge, qui rendent plus difficile sa mission, mais n'en changent nullement la nature.

(1) Dans Prigg v. *Pensylvania*, rapporté par Cooley, ouv. cité, p. 180.

(2) Warren v. Mayor, etc. of Charlestown (2 Gray 99); State v. Commissioners of Perry County (5 Dhio N. S. 507) Staunson v. Racine (13 Wis 398), etc.

(3) Campan v. Detroit (14 Mich 272).

(4) Voir Santo v. State (2 Iowa 165).

Elle reste en elle-même simple : écarter la loi ou la disposition législative inconstitutionnelle.

II

Mais dans quelle mesure cette loi sera-t-elle écartée ? Qui pourra se prévaloir de cette décision des juges ? Pour qui aura-t-elle force obligatoire ? En d'autres termes, quelle sera l'autorité de la chose jugée ?

Le jugement s'impose aux parties (1) et à leurs ayant cause (2). Ceux-ci ne pourraient renouveler le procès définitivement résolu en invoquant la validité de la loi écartée par le juge ou l'inconstitutionnalité de la loi déclarée conforme à la constitution. Les parties sont liées par la décision du juge ; dans leurs rapports entre elles, et relativement au litige tranché, la loi reconnue inconstitutionnelle est désormais sans effet.

Cette impossibilité pour les parties et leurs ayant cause de porter une seconde fois devant le juge la même question fondée sur la même cause est l'effet nécessaire de tout jugement entre particuliers ; c'est l'effet nécessaire de la déclaration d'inconstitutionnalité, sans lequel le même procès pourrait être indéfiniment recommencé, la même loi toujours invoquée ou attaquée devant le juge.

La seule question douteuse est de savoir si c'en est, dans ce dernier cas, tout l'effet.

(1) Duchess of Kingston's case (2 Smith Lead Cas 424); Etheridge v. Osborn (12 Wend 399), etc.

(2) Burril v. West (2 N H 190), Davis, v. Wood (1 Wheat 6).

En un mot, le jugement d'inconstitutionnalité n'est-il obligatoire que pour les parties et leurs ayant cause, ou bien est-il une interprétation définitive d'une portée générale? Est-ce une décision d'espèce ou un arrêt de réglement?

Si c'est la première alternative qui est admise, la décision des juges, n'engageant que les parties et leurs ayant cause, ne lie pas le pouvoir judiciaire, qui pourra toujours revenir sur son opinion, et laisse *a fortiori* aux pouvoirs législatif et exécutif toute liberté pour apprécier l'acte déclaré par les cours inconstitutionnel.

Sinon, il faut décider que l'arrêt des cours déclarant un statut inconstitutionnel s'impose désormais non seulement à l'observation des juges, mais encore à celle des autres branches du gouvernement; que le pouvoir législatif et exécutif sont obligés de s'y soumettre et doivent tenir pour inconstitutionnelle la loi déclarée telle par le pouvoir judiciaire.

⁎

Ces deux solutions ont donné naissance à deux théories qui ont été ardemment soutenues et combattues; elles correspondent à deux courants d'idées nettement opposés et font partie chacune d'un système politique complet, système d'un pouvoir central fort d'une part, d'un pouvoir central faible d'autre part.

Les partisans de la suprématie nationale, qui veulent affermir le pouvoir central, jugent indispensable pour atteindre ce résultat que les cours aient seules l'interprétation de la Constitution et que leurs décisions, dans cette matière, soient définitives.

Il est nécessaire, pour assurer l'autorité de la constitution, d'abord qu'un seul pouvoir en soit le gardien, qui seul en donne l'interprétation et seul la défende. Laisser aux autres pouvoirs le droit, chacun dans sa sphère, d'interpréter la loi suprème et le soin de la respecter, c'est nier la force intrinsèque, le caractère absolu et souverain de cet acte, qui, suivant les partisans de ce système, doit conserver un caractère immuable, une autorité propre, indépendants du sens et de la portée que les différentes branches du gouvernement chercheraient à lui donner. La Constitution, pour conserver ce caractère de loi suprème, cette supériorité sur les pouvoirs constitués, qu'elle a pour but de dominer et de limiter, doit être placée au dessus d'eux; du moins, l'interprétation n'en doit être laissée qu'au seul pouvoir qui, par la nature de ses fonctions, a compétence pour la déterminer. Il faut, pour que cette interprétation reste unique, qu'elle s'impose aux autres pouvoirs.

Il faut encore, pour assurer la suprématie de la constitution, que cette interprétation soit définitive. Sinon, en fait, les cours pourraient revenir sur leur première décision et donner au pacte fédéral un sens et une portée différents. L'interprétation ne serait plus une. En théorie, ce serait aller contre la suprématie de la constitution. Car dire que la décision des cours déclarant un statut inconstitutionnel n'a d'effet qu'entre les parties en cause, c'est admettre que la loi reconnue contraire à la constitution a néanmoins une valeur, en dépit de cette inconstitutionnalité déclarée; c'est nier, dans la mesure où l'on reconnaît la force obligatoire de cette loi, la suprématie de la constitution.

Pour assurer l'affermissement du pouvoir central il est

donc indispensable que la décision judiciaire soit souveraine, que les arrêts des cours sur les questions de constitutionnalité soient des arrêts de règlement.

Au contraire, les partisans d'un pouvoir central limité affirment que le principe de la séparation et de l'indépendance des trois départements est nécessaire pour contenir ce pouvoir, pour garantir la liberté des citoyens, et ils l'invoquent contre la théorie précédente.

Le but des constituants, déclaré par-eux et reconnu par tous, a été d'établir trois pouvoirs coordonnés, distincts les uns des autres, égaux et indépendants. Ils se sont efforcés de réaliser le plan qu'ils s'étaient tracé, d'assurer cette séparation et cette indépendance, et y ont réussi. On propose de détruire leur œuvre, de rompre, au profit d'un seul pouvoir, cette balance sagement établie. On ne peut en effet déclarer les deux autres pouvoirs liés par la décision du troisième sans nier qu'ils en soient séparés ; on ne peut permettre à l'un d'imposer son opinion aux autres sans méconnaître l'indépendance de ceux-ci.

Pour que les trois pouvoirs restent distincts et indépendants, il faut que chacun d'eux puisse se prononcer sur le sens de la constitution, sur la validité d'une loi, sans être lié par la décision des cours ; que les pouvoirs législatif et exécutif puissent agir dans l'avenir selon leurs propres vues, sans avoir à tenir compte de l'opinion du pouvoir judiciaire.

La souveraineté de la décision judiciaire détruit le principe de la séparation et de l'indépendance des pouvoirs en ce sens encore qn'elle donne au Judiciaire un droit de *veto* absolu sur les actes du législatif et, par là même, une part dans son œuvre. Si, en effet, l'arrêt d'une cour relatif à la constitutionnalité d'un acte législatif est un arrêt de règlement, la déclaration d'inconstitutionnalité équivaut à une annulation. En théorie sans doute la loi subsiste, puisqu'elle n'est qu'écartée ; en fait, elle est désormais sans force, *sans plus d'autorité que si elle avait été cassée.*

Le pouvoir judiciaire, en écartant une loi régulièrement votée, exerce donc alors un contrôle direct sur l'œuvre du législateur et, par là-même, s'immisce dans ses fonctions. On aboutit à la confusion des pouvoirs du Législatif et du Judiciaire, à la confiscation de l'indépendance du premier au profit du second.

Ainsi le Judiciaire prend une place prépondérante dans l'État, devient le pouvoir suprême. Et les partisans d'un pouvoir faible concluent à la relativité de la déclaration d'inconstitutionnalité.

*
* *

La discussion sortit dès le début du domaine purement doctrinal. Les deux systèmes auxquels correspondaient ces deux théories divisaient en effet les États-Unis en deux partis qui se disputaient alors le pouvoir : les Fédéralistes et les Républicains (1), en sorte qu'elles entrèrent d'emblée

(1) Deux traits caractérisent les partis aux États-Unis : c'est d'abord leur très grande importance ; c'est ensuite et surtout une absence à peu près complète de principes qui les gouvernent. De ce second point il résulte qu'ils n'ont pas un programme dominé par une idée, mais inspiré par les circonstances du moment, ce qui rend leur histoire souvent obscure.

Celle-ci commence dès 1787. Les deux tendances qui dominaient à la Convention de Philadelphie, l'une centraliste, l'autre décentraliste, engendrent deux partis : les Fédéralistes, préconisant une autorité

dans le domaine de la politique, parce que les partis s'en
emparèrent dès l'origine et s'efforcèrent d'en tirer toutes
les conséquences pratiques qu'elles comportaient.

Les Fédéralistes, le parti de l'ordre, voulaient un pouvoir fort qui fît respecter les principes d'ordre et d'autorité ;
ils soutenaient, pour cette raison même, la suprématie de la
décision judiciaire. Les républicains, au contraire, le parti
du peuple, voulaient qu'on respectât la séparation des pouvoirs, qui seule pouvait empêcher la formation d'un
pouvoir central trop puissant, dangereux pour la liberté
des citoyens et l'autonomie des États qu'ils défendaient ;
au nom de ce principe de la séparation et de l'indépendance des pouvoirs, ils soutenaient la relativité de la décision judiciaire.

Ce furent les Fédéralistes qui commencèrent l'attaque.
John Marshall, dans l'affaire Marbury contre Madison,
soutint la doctrine fédérale en en faisant entrevoir les
prétentions. « Les principes que le peuple a une fois
établis, déclarait-il, sont considérés comme fondamentaux ;

centrale puissante avec de larges pouvoirs ; les Jeffersonniens ou
Républicains, défenseurs au contraire de l'autonomie des Etats. Après
un court succès, les Fédéralistes perdent leur chef Hamilton en 1804,
s'effondrent et disparaissent totalement en 1815.

Le parti républicain reste seul. Mais, sous l'influence personnelle
d'Andrew Jackson et de H. Clay, deux grands partis se forment de
nouveau : les Démocrates, qui continuent la tradition des Jeffersonniens ; les Whigs, qui reprennent celle des Républicains. Le parti
Whig disparaît en 1854.

Les Démocrates restent maîtres du terrain jusqu'à ce que la question
de l'esclavage fasse naître un nouveau parti, les Républicains, qui
proclame le droit du Congrès de restreindre l'esclavage.

Tels sont les deux partis qui survivent encore aujourd'hui, mais
avec des programmes qui changent à chaque élection nouvelle.

ils découlent d'une autorité suprème qui ne peut agir que de loin ; ils doivent donc être regardés comme permanents ; en sorte qu'une loi qui est en conflit avec la Constitution n'est pas une loi. »

C'était la première fois qu'une des deux théories était invoquée devant un tribunal, dans un débat public. Encore ne l'était-elle qu'assez timidement. John Marshall n'avait pas été jusqu'à l'exposer tout entière ; il n'en avait tiré aucune conséquence ; il en avait posé le principe en quelques mots. Mais ce n'en était pas moins le commencement de la lutte. Désormais les deux théories allaient se combattre dans maintes circonstances, invoquées tantôt par un parti, tantôt par l'autre, au gré de leurs intérêts. Le rôle qu'elles jouèrent comme instrument entre leurs mains devint considérable dans le cours du siècle. Il le fut surtout dans trois circonstances restées célèbres : l'affaire de la Banque des États-Unis, l'affaire Dred Scott et le procès d'Andrew Johnson.

L'affaire de la Banque est la première en date.

Le Congrès avait passé en avril 1816 un acte qui donnait à la Banque des États-Unis la personnalité. La Cour Suprème eut, peu de temps après, au cours d'une affaire retentissante, à apprécier la constitutionnalité de cet acte, dans les circonstances suivantes : une succursale de cette Banque avait été établie à Baltimore ; or, en 1818, la législature du Maryland mit un droit de timbre sur les billets en circulation de toutes les banques ou succursales de banques établies dans l'État et qui n'auraient pas obtenu de charte de la législature. La succursale de la Banque des États-Unis au Maryland refusa de payer la taxe et son caissier, Mc. Culloch, fut poursuivi comme débiteur.

Si l'acte d' « incorporation » était constitutionnel, il était évident que l'État de Maryland n'avait pas de droits à faire valoir, car il ne pouvait émettre la prétention de taxer la Banque des États-Unis.

Mc. Culloch fut condamné par le Tribunal d'État de Maryland. Il introduisit un recours pour cause d'erreur (1) devant la Cour Suprème qui, après un débat très vif, déclara l'acte constitutionnel (2).

Ces quelques mots d'explication suffisent à montrer tout l'intérêt de la question. Alex. Hamilton, comme secrétaire du trésor, avait fait ressortir déjà les heureux effets qu'aurait l'institution d'une banque nationale sur la prospérité des finances de l'Union et son utilité incontestable dans toutes les opérations relatives au crédit public. Mais, derrière ces considérations pratiques, se cachait une question politique de la plus haute importance. C'est que précisément affermir le crédit, consolider les finances de l'Union, c'était accroître la force du Gouvernement fédéral ; lui reconnaître le droit de créer une Banque, c'était lui concéder un des attributs les plus essentiels de la souveraineté ; enfin permettre à l'Union de fonder dans les États des établissements soustraits à leur legislation et à leur contrôle, c'était porter atteinte à la souveraineté de ces Etats.

Aussi la question de constitutionnalité de cet acte avait-elle été déjà vivement discutée, avec une ardeur et une habileté remarquables, dans les deux Chambres du Congrès. Les Whigs, héritiers des Fédéralistes, qui voulaient un

____

(1) À writ of error.

(2) Pour les détails et les motifs de cette décision : J. Marshall, ouv. cité, p. 177 et s.

pouvoir central fort, soutenaient, conformément à leurs traditions, que l'Union avait pleins pouvoirs pour établir une banque et qu'elle tirait ses droits à cet égard de la Constitution. Le parti démocrate au contraire, ancien parti républicain (1), qui n'avait pas cessé de combattre l'extension du gouvernement fédéral et de défendre les droits des États, affirmait que rien dans la Constitution n'autorisait l'exercice d'un pouvoir aussi exorbitant (2). Cet exposé de la question, sous son aspect politique, telle qu'elle se présentait aux partis, était indispensable pour

(1) Le parti fédéral avait disparu entre 1815 et 1820 ; les Républicains étaient restés maîtres du champ de bataille. Mais sous l'influence de l'hostilité personnelle d'Henry Clay et Andrew Jackson, deux grands partis s'étaient de nouveau formés (vers 1830). L'un d'eux s'empara, sous le nom de Démocrates, des principes et des traditions des Républicains Jeffersonniens. C'était le défenseur des droits des États et d'une interprétation restrictive de la Constitution. L'autre fraction, qui s'appela le parti whig, représentait la plupart des vues des anciens Fédéralistes (Bryce, ouv. cité, t. II, p. 12).

(2) L'influence de cette grave question sur l'avenir de la Constitution fédérale et sur la puissance et le développement du gouvernement de l'Union fut exposée d'une façon très nette par le juge Pinkney dans le cours du débat devant la Cour Suprême : « J'ai la conviction profonde et absolue, déclarait-il dans sa plaidoirie, qualifiée par Story de remarquable, qu'il dépendra principalement de ce jugement que la Constitution sous laquelle nous vivons et prospérons soit tenue, comme celle qui l'a précédée, pour un pur fantôme de pouvoir politique, en vue de nous duper et de se jouer de nous, un apparat de souveraineté en parodie..... pour un édifice fragile et chancelant, qui ne pourrait offrir d'abri contre l'orage extérieur ni intérieur, une créature à moitié achevée, sans cœur, cerveau, nerfs ou muscles, sans pouvoir protecteur ou énergie réparatrice (redeeming), ou qu'elle soit au contraire considérée comme la gardienne autorisée de tout ce qui nous est cher comme nation. » Wheaton, Life of Pinkney, p. 163, 166.

faire comprendre leur attitude devant l'arrêt de la Cour Suprême et expliquer la lutte qu'ils se livrèrent plus tard à l'occasion de cette décision.

Lorsqu'en effet, quelques années après, le Congrès renouvela l'acte d'incorporation de la Banque, le président Jackson, chef du parti démocrate, le frappa de son *veto* comme inconstitutionnel et renvoya le bill au Sénat le 10 juillet 1832.

Cette mesure énergique souleva les protestations générales du parti whig. Héritiers des idées et - de la doctrine des Fédéralistes, les membres de ce parti soutinrent que la cour, en déclarant autrefois l'acte d'incorporation constitutionnel, avait rendu une décision souveraine qui s'imposait pour toujours aux autres branches du gouvernement. Une loi qu'elle avait déclarée constitutionnelle devait être reconnue telle unanimement. Le Président ne pouvait donc profiter du renouvellement d'un acte déclaré une fois constitutionnel par la Cour Suprême pour l'infirmer, contrairement à l'opinion de ce tribunal. C'était se mettre en conflit avec le pouvoir judiciaire, méconnaître son autorité souveraine en matière de constitutionnalité des lois.

Le président, selon eux, devait s'incliner devant la décision de la Cour Suprême. Il n'en fit rien. Il maintint hautement son droit, à lui reconnu par la Constitution, d'opposer son *veto* sur toutes les mesures législatives qu'il jugerait, de sa propre opinion, inconstitutionnelles, et répondit aux récriminations du parti whig par des arguments péremptoires : « D'après les avocats de la Banque, déclarait-il, la question de constitutionnalité doit être regardée comme définitivement résolue par la décision de la Cour Suprême... Mais, sans l'assentiment du peuple, la Cour

Suprême ne peut pas trancher des questions de cet ordre. Le Congrès, l'Exécutif et la Cour doivent être individuellement guidés par leurs opinions propres sur la Constitution. Tout fonctionnaire public, qui prête serment de la défendre, jure de la maintenir telle qu'il la comprend et non telle que les autres la comprennent ; c'est le devoir de la Chambre des Représentants, celui du Sénat et celui du Président de juger de la constitutionnalité d'une mesure sur laquelle ils doivent voter ou qu'ils ont à approuver, comme c'est le devoir des juges de la Cour Suprême d'examiner la même question quand cette mesure leur est présentée. L'opinion des juges n'a pas plus d'autorité sur le Congrès que celle du Congrès n'en a sur eux, et le Président est à cet égard indépendant de l'un comme des autres. L'autorité de la Cour Suprême ne peut avoir un droit de contrôle ni sur le Congrès ni sur le Président quand celui-ci exerce sa part de pouvoir législatif » (1).

Par cette déclaration énergique et remarquable de netteté, le général Jackson se mettait en conflit déclaré avec le parti whig qui dominait au Sénat et dont les chefs étaient alors MM. Webster et Clay. C'était donc bien une lutte entre deux partis, entre les deux grands partis des États-Unis, que provoquait pour la première fois l'opposition des deux théories : relativité de la décision judiciaire d'une part, suprématie de cette décision d'autre part.

Ce fut devant le Sénat, où le bill avait été renvoyé, qu'elle se déroula, et elle y fut très vive. M. Webster, l'un des leaders du parti whig, maître au Sénat d'une forte majorité, soutint avec beaucoup de talent la souveraineté de la décision judiciaire.

(1) Thirty Year's View, v. I, p. 251 et s.

Ce fut M. White, sénateur démocrate du Tennessee, qui répliqua et résuma les arguments de son parti dans ces quelques phrases très nettes.

« L'honorable sénateur, disait-il en réponse à M. Webster, soutient qu'en organisant la Cour Suprême, la Constitution lui a concédé le pouvoir de trancher les grandes questions constitutionnelles ; il ajoute que, lorsqu'elle a prononcé, le débat est clos définitivement et que les autres branches du gouvernement n'ont plus qu'à s'incliner. Cette doctrine, je la nie. La Constitution place le pouvoir judiciaire dans une Cour Suprême et dans tels autres tribunaux que le Congrès peut de temps à autre juger bon d'établir. Quand un procès est résolu par la Cour Suprême qui constitue le dernier ressort, le jugement qu'elle rend est définitif et obligatoire pour les parties en cause. Mais ce précédent ne lie ni le Congrès, ni le Président des États-Unis. Si la Constitution reçoit une interprétation différente de la part des divers départements, le peuple formera le tribunal qui prononcera sur la difficulté. Chacun des départements est l'agent du peuple ; chacun d'eux agit pour le peuple dans les limites des pouvoirs qui lui sont confiés, et lorsqu'un conflit s'élève quant à l'étendue de ces pouvoirs, c'est le peuple lui-même qui, par son vote, vient le résoudre (1). »

Il devenait difficile au parti whig de combattre une théorie aussi clairement exposée et aussi solidement fondée. Les arguments du parti démocrate avaient sans doute ébranlé quelque peu la majorité whig ; il lui était impossible en tout cas de grouper autour d'elle les deux

____

(1) Martin Van Buren, Political Parties in the. United States, p. 311 et s.

tiers des membres dont le vote était nécessaire pour faire passer le bill malgré le *veto* du Président (1). Les chefs Webster et Clay le sentirent et comprirent que c'était au peuple, lors de la prochaine élection présidentielle, qu'il appartenait de résoudre le conflit. C'est vers la préparation de cette élection que les deux partis tournèrent leurs efforts. Le général Jackson fut réélu à une immense majorité.

Il convient de remarquer que les partis, dans cette longue lutte, avaient agi avec une parfaite logique. Les théories qu'ils avaient défendues l'un et l'autre étaient conformes à leurs intérêts respectifs et à leurs principes tout en même temps.

Du moment que les whigs luttaient pour la suprématie de la constitution nationale, dans le but d'affermir le pouvoir fédéral, ils devaient affirmer la souveraineté de la décision judiciaire, pour les raisons que j'ai données déjà, parce que la constitution gagnait en autorité à recevoir une interprétation définitive et confiée à un seul pouvoir. En même temps, leur intérêt dans cette question de la Banque était que l'acte d'incorporation produisît tous ses effets, parce que l'existence d'une Banque

(1) « Tout bill qu'auront passé la Chambre des Représentants et le Sénat sera, avant de devenir loi, présenté au Président des États-Unis ; s'il l'approuve il le signera ; sinon il le retournera, avec ses objections, à la Chambre d'où il est émané originairement, qui enregistrera les objections sur son journal et procédera à un nouvel examen. Si après ce nouvel examen, les 2/3 de cette chambre sont d'avis de passer le bill, il sera renvoyé, avec les objections, à l'autre chambre. Celle-ci l'examinera de même une seconde fois et si les 2/3 de ses membres l'approuvent il deviendra loi. » Constitution of the United States, art. 1, sec. 7.

nationale était pour affermir la puissance de l'Union, et, pour cela, que l'exercice du droit de *veto* fut retiré au président dans cette circonstance. C'est précisément ce droit qu'il lui déniait, en soutenant que la décision du judiciaire s'imposait aux autres départements.

Les démocrates au contraire, partisans d'un pouvoir central faible, défendaient la relativité de la décision judiciaire ; et c'est de ce principe qu'ils se servaient dans ce débat, quand la crainte de favoriser l'extension de l'Union les faisait s'opposer à l'établissement d'une Banque nationale.

Mais cette harmonie entre les intérêts des partis et leurs principes ne se retrouva pas toujours. La question de l'effet de la décision judiciaire se représenta même de telle façon qu'elle plaça l'un des partis tout au moins dans l'obligation ou de renier la doctrine qu'il avait jusque-là soutenue ou de se mettre en désaccord avec ses intérêts, son programme et ses traditions. Et l'on assista à ce spectacle étrange d'un parti soutenant sur la même question une théorie absolument opposée à celle qu'il avait défendue moins de vingt-cinq ans auparavant et, par une volte-face complète, affirmant la doctrine qu'il avait alors vigoureusement combattue chez ses adversaires. Voici dans quelles circonstances fut amené ce brusque revirement d'un parti.

Vers 1856 le parti whig, dont nous avons vu le rôle dans l'affaire de la Banque, venait de disparaître. Les Démocrates restaient seuls, comme ils l'avaient été déjà, en 1820, sous le nom de Républicains, après la chute du parti fédéral. Le parti démocrate maintenait la tradition du parti républicain fondé par Jefferson et continuait à combattre l'extension des pouvoirs du Congrès. Mais son point de vue avait un peu changé. Ce n'était plus uniquement dans l'intérêt des États et de leur autonomie qu'il soutenait cette ancienne théorie ; c'était bien plutôt dans l'intérêt des possesseurs d'esclaves sous le contrôle desquels il était passé presque complètement vers 1852 (1), et c'était l'impuissance du Congrès à prohiber l'esclavage dans les territoires qui faisait le fond de ses revendications. C'était cette question de l'esclavage, si grosse de conséquences, qui avait causé la défaite irrémédiable du parti whig. Ce fut elle qui força les Démocrates à opérer la volte-face remarquable que je viens d'indiquer.

Un esclave, Dred Scott, avait été conduit par son maître de l'État de Missouri, où l'esclavage était autorisé, dans un territoire où il avait été au contraire prohibé par le Congrès. Après un séjour dans ce territoire, Dred Scott était revenu avec son maître dans le Missouri et y avait repris résidence. Dans une action intentée contre son maître Sanford, pour coups et blessures (2), Dred Scott soutenait que le fait de sa résidence dans un territoire libre lui avait fait perdre la qualité d'esclave.

La Cour de Circuit de Missouri, devant laquelle l'affaire avait été portée en 1896, déclara non fondée la prétention de Dred Scott et soutint que sa condition n'avait pas été modifiée par le fait qu'il invoquait.

L'affaire fut alors portée devant la Cour Suprème. Celle-ci avait le choix entre plusieurs partis : Elle pouvait décider qu'un esclave libre de descendance africaine, importé en Amérique et vendu comme esclave, ne pouvait être ci-

(1) Bryce, ouv. cité, t. II, p. 13.
(2) Dred Scott v. Sanford 19 How 393.

toyen des États-Unis aux termes du Judiciary Act ni agir en justice en cette qualité (1).

Elle pouvait aussi confirmer purement et simplement la décision de la Cour de Circuit, en reconnaissant avec elle que le fait de la résidence ne pouvait influer sur le statut personnel d'un individu.

Sinon, il ne restait plus à la Cour Suprême qu'à infirmer le jugement de Missouri soit dans ses conclusions soit dans ses considérants ; dans ses conclusions en décidant, contrairement à l'opinion des premiers juges, que la condition de Dred Scott avait été modifiée ; dans ses considérants, en reconnaissant qu'elle n'avait subi aucun changement, mais pour d'autres motifs que ceux qu'avait invoqués la Cour de Circuit.

Dans ce dernier cas, mais dans ce dernier cas seul, la Cour Suprême pouvait être amenée à vérifier, en examinant au fond la prétention de Dred Scott, si toutes les allégations sur lesquelles elle reposait étaient justifiées, notamment si la prohibition de l'esclavage dans le territoire où il avait résidé était établie en droit. De là la nécessité pour la Cour de rechercher si cette prohibition n'excédait pas les pouvoirs du Congrès, si le Missouri Compromise Act (2) était constitutionnel.

Je ne me suis étendu sur l'exposé de ces diverses solutions que pour bien faire ressortir la tactique de la Cour Suprême et montrer comment elle écarta successivement, et de parti pris, semble-t-il, toutes les alternatives qui s'of-

(1) Hampton L. Carson, ouv. cité, aff. Dred Scott

(2) Le Compromis de Missouri fut passé en 1820, un an après l'admission du Missouri au rang d'Etat. Il admettait l'esclavage dans le Missouri et l'interdisait pour l'avenir au nord du degré de latitude 36°30'.

fraient à elle, pour choisir enfin la seule qui lui permît d'apprécier l'acte du Congrès.

La Cour Suprême en effet, en décembre 1877, alors qu'elle fut saisie de l'affaire, décida, après discussion, qu'il n'était pas nécessaire de prononcer sur la qualité de citoyen de Dred Scott ni sur son aptitude à ester en justice, mais que la prétention du demandeur serait examinée au fond. Le juge Nelson conclut alors à la confirmation pure et simple de la décision de la Cour de Circuit. Mais le juge Wayne émit l'avis qu'il était possible à la Cour Suprême de calmer l'agitation que provoquait la question de l'esclavage dans les territoires, en affirmant que le Congrès n'avait pas pouvoir constitutionnel pour le prohiber. Malheureusement, observe Hampton Carson, ses collègues et le pays tout entier persuadèrent le Chief Justice Taney et les juges Grier et Catron qui seuls s'y opposaient encore, de l'efficacité de ce moyen, et la Cour Suprême, invoquant des arguments fort contestables (1), décida que le Compromis de Missouri du 6 mars 1820 était nul comme excédant les pouvoirs constitutionnels du Congrès. Un propriétaire pouvait emmener ses esclaves où il voulait, comme de simples objets de propriété dont le Congrès garantissait la possession. Le Congrès d'autre part n'avait aucun pouvoir pour interdire ou restreindre l'esclavage. Tels étaient la conséquence et les effets pratiques de cet arrêt.

Si j'ai assez longuement insisté sur la décision de la

(1) Elle invoquait notamment que la clause de la Constitution (art. 4, § 3) que « le Congrès aura le pouvoir..... d'édicter toutes lois et tous règlements utiles concernant les territoires ou autres possessions des Etats-Unis » ne s'appliquait qu'aux territoires appartenant aux Etats-Unis lors de l'élaboration de la Constitution.

Cour Suprême, c'est qu'elle ne fut pas seulement le point de départ de la lutte des partis, comme l'avait été l'arrêt relatif à la Banque : elle fut elle même l'acte d'un parti (1); et par là cette intervention volontaire de la Cour dans une question politique se relie si étroitement à la crise qui suivit qu'il était indispensable d'en faire connaître les incidents.

Il semble bien en effet que ce fut le parti démocrate, toujours soucieux de restreindre les pouvoirs du Congrès et plus particulièrement désireux en cette circonstance de protéger les intérêts des *slave-holders*, qui dicta à la Cour Suprême l'arrêt qu'elle prononça. Il était absolument en accord avec les traditions du parti, l'affaiblissement du pouvoir fédéral, comme avec les intérêts personnels de ses membres, les possesseurs d'esclaves. La décision leur était trop favorable et répondait trop complètement à leurs vues pour que les Démocrates ne cherchassent pas à en tirer tout le parti possible. Déjà, deux jours avant le prononcé de l'arrêt, le président démocrate Buchanan, dans le discours qu'il prononça lors de son inauguration, avait annoncé qu'il accepterait la décision des juges « comme tout bon citoyen devait le faire ». Il ne s'agissait, déclarait-il, que d'un point de droit à décider, question que la Cour

(1) Les juges auraient pu prononcer l'arrêt pendant le terme de 1855-1856. Ils l'ajournèrent jusqu'à l'élection présidentielle et ce fut deux jours après l'inauguration du président démocrate, M. Buchanan, qu'ils rendirent leur décision, le 6 mars 1857.

D'autre part sur les 9 juges qui composaient alors le tribunal suprême, 8 avaient été choisis dans les rangs du parti démocrate et la plupart pour des considérations tout autres que leur aptitude ou leurs connaissances juridiques. Horace Greeley, *The American Conflict*, t. I, p. 252.

Suprême des États-Unis avait seule le pouvoir légitime de résoudre. C'était inviter le pouvoir législatif et le pays tout entier à se soumettre comme lui, et déclarer à l'avance que la décision du Judiciaire s'imposait aux autres départements, puisque ceux-ci n'avaient pas pouvoir pour examiner une question de droit.

Le 6 mars l'arrêt était rendu, conformément à ses prévisions et peut-être à ses indications. Le parti démocrate tout entier déclara que la décision était définitive et s'imposait à tous. Pour cela il affirma que la Cour Suprême avait seule pouvoir pour prononcer sur la constitutionnalité d'un acte et que ses arrêts en cette matière étaient souverains, soutenant ainsi la théorie qu'il avait si énergiquement combattue vingt-cinq ans auparavant dans l'affaire de la Banque. C'est que la situation n'était plus la même ; les intérêts du parti nécessitaient une théorie nouvelle, et comme, aux États-Unis, les principes d'un parti passent après ses intérêts et n'ont d'autre objet même que de les servir, le changement d'opinion s'opéra sans effort et tout naturellement. Ce fut un mouvement très rapide, mais sans heurt, que la force des circonstances accomplit d'elle-même.

Mais la décision de la Cour Suprême avait soulevé une vive indignation dans les États du Nord (1), la plus violente explosion de mécontentement, dit Bryce, qui jamais éclata. Dès 1856 un parti s'était formé par la réunion de plusieurs groupes secondaires : les débris du parti whig, le parti « américain » et celui de la « Liberté ». Il avait, en 1856, présenté Fremont comme candidat à la présidence et avait pris le nom de « républicain ». Né

_____

(1) Où l'esclavage était aboli.

au moment où les prétentions croissantes des possesseurs
d'esclaves commençaient à alarmer les États du Nord, il
avait pour objet principal de les combattre.

La décision de la Cour Suprême fut le signal d'une lutte
très vive qu'il livra aux Républicains ; et, pour les vaincre,
il se servit précisément de la théorie et des arguments
que ceux-ci avaient invoqués dans l'affaire de la Banque
et qu'ils rejetaient alors. Il soutint, comme l'avait fait le
Président Jackson et son parti, que l'arrêt, obligatoire
pour les parties en cause, n'était d'aucun effet à l'égard
du pays. Affirmant la relativité de la décision judiciaire
et se reconnaissant pleinement le droit de la critiquer, il
protesta contre les doctrines de la Cour et attaqua violem-
ment sa décision (1).

C'était bien comme d'une arme contre le parti démocrate
que les Républicains se servaient de cette doctrine de la
relativité, et certainement leurs intérêts les conduisaient à
l'invoquer. Mais on ne peut leur adresser le même re-
proche qu'aux démocrates ; ils n'avaient pas eu à renier
une opinion contraire, peut-être pour la seule raison qu'ils
n'avaient pas eu le temps d'en avoir d'autre, s'étant formés
la veille même du conflit. On a toutefois observé avec
raison qu'ils comptaient parmi eux beaucoup des membres
de l'ancien parti whig, qui avait soutenu autrefois la suprématie de la décision judiciaire. Si donc il n'y eut pas
dans l'attitude des Républicains la volte-face complète

______

(1) On ne se contenta pas de l'attaquer en droit. Les juges furent
ouvertement accusés de corruption. M. Seward, au Sénat, fit nettement allusion à un marché politique qui aurait été conclu entre le
Chief Justice et le président Buchanan lors de son inauguration. Et
ces accusations ont été maintes fois reprises et reproduites.

d'un parti tout entier, comme celle qui marqua assez
fâcheusement la conduite du parti démocrate, il s'était
fait dans l'opinion de beaucoup d'entre eux un revirement
tout aussi intéressé.

Quoi qu'il en soit, tandis que les Républicains, croissant
en force, en arrivaient à dénoncer la décision de la
Cour Suprême dans les résolutions de la Convention qui,
en 1860, « nomma » Abraham Lincoln (1), les Démocrates
à la même époque ne purent s'entendre sur le choix d'un
candidat, et leurs divisions assurèrent l'élection à la présidence d'Abraham Lincoln, le représentant des Républicains (2).

Le 4 mars 1861, le président Lincoln consacrait la
théorie de son parti en proclamant aussi dans son discours d'inauguration la relativité de la décision judiciaire :
« L'arrêt doit être obligatoire pour toutes les parties en
cause et trancher le litige ; il mérite aussi d'obtenir l'attention des autres départements dans les cas semblables.....
Mais..... les citoyens impartiaux doivent reconnaître que,
si la politique du gouvernement sur les questions capi-
tales qui intéressent le pays tout entier est liée irrévoca-
blement par une décision de la Cour Suprême, le peuple
a cessé de se gouverner, il a remis ses pouvoirs à ce tribunal éminent (3) » (4).

(1) Bryce, ouv. cité, I, p. 269.
(2) Cette élection s'était faite sur le « cri » de la proclamation des
droits du Congrès à restreindre l'esclavage et de la dénonciation de la
décision Dred Scott. Elle fut suivie par la Sécession de 11 États escla-
vagistes.
(3) Mc Pherson, *History of the Rebellion*, p. 107.
(4) Toute l'agitation causée par cette question contribua grandement
à l'explosion de la guerre civile.

Malgré cet échec retentissant, le parti démocrate tenta de nouveau, en 1868, dans une circonstance mémorable, de faire prévaloir la doctrine qu'il avait soutenue dans l'affaire Dred Scott : la souveraineté de la décision judiciaire. Ai-je besoin d'ajouter qu'il obéissait ici encore à un mobile intéressé ? Cette fois il s'agissait d'arrêter la procédure d'impeachment dirigée contre Andrew Jackson, président démocrate, en soumettant au contrôle du Judiciaire l'acte qui avait provoqué sa mise en accusation (1).

Les Démocrates affirmaient que c'était la mission de la Cour Suprème de régler les différends qui s'élevaient entre les Chambres et l'Exécutif ; que l'opinion qu'elle émettrait sur la légalité de l'acte incriminé résoudrait définitivement le conflit.

Les Républicains repoussèrent énergiquement cette théorie et la solution proposée. Cette fois encore les Républicains l'emportèrent et la doctrine de la souveraineté judiciaire fut rejetée.

Ainsi, comme l'observe de Chambrun (2), la Cour Suprème n'a jamais pu faire accepter la doctrine en vertu de laquelle ce tribunal a prétendu s'arroger le droit de rendre des arrêts d'interprétation. Si ses décisions ont été soutenues par un parti, elles ont été combattues par d'autres. Je l'ai montré dans les trois conflits célèbres que j'ai exposés. Mais ce serait une erreur de croire que la question ne fut examinée que dans ces seules circonstances. Elle donna lieu à des controverses théoriques

_____

(1) V. chap. II § 1, p. 107.
(2) Ouv. cité, p. 162.

durant tout le cours du siècle et conduisit à des discussions très intéressantes (1).

« En fait, conclut de Noailles, les opinions de la Cour sont tantôt suivies tantôt rejetées par les autres pouvoirs publics. Chacun d'eux, dans son domaine, exerce le privilège d'interpréter la Constitution. »

Toutefois l'on peut affirmer, sans crainte d'être contredit, que les opinions de la Cour sont plus souvent suivies que rejetées par les autres pouvoirs. Ceux-ci semblent fort sagement s'inspirer de la maxime de Cooley que « l'acceptation par chacun et par tous des décisions judiciaires peut seule empêcher la confusion, le doute et l'incertitude, et que toute autre pratique est incompatible avec un gouvernement fondé sur la loi (2). » Mais il ne faut pas oublier que si les autres pouvoirs s'inclinent généralement devant les opinions du Judiciaire, ils n'y sont nullement obligés.

Les arrêts de la Cour Suprême peuvent être une indication précieuse pour eux, comme émanant d'une autorité très compétente et respectée, mais ils ne peuvent les engager. Leur indépendance reste entière après comme avant la décision des juges, car ils ne se considèrent jamais comme liés par elle.

____

(1) V. opinion Attys Gen. V. X, p. 74, 21e American Law Review, p. 210 et s.

(2) Cooley, ouv. cité, p. 54.

CHAPITRE III

LES CORRECTIFS DU SYSTÈME

Le système de l'inconstitutionnalité des lois, qui s'est implanté en Amérique il y a plusieurs siècles et y fonctionne aujourd'hui normalement, d'une façon aisée et régulière, dont les effets enfin, même réduits à leur minimum, ont suffi à assurer le maintien de la constitution, est l'objet de la part des Américains d'une admiration presque sans réserve.

Ils en sont fiers comme d'une institution qui leur est propre, comme d'un produit national que leur sens politique et leur sagesse ont fait éclore.

Aussi les auteurs étrangers ont-ils souvent refusé d'adopter leur appréciation élogieuse et de partager à cet égard une admiration dans laquelle ils ont cru découvrir quelques idées préconçues et une bonne part de patriotisme. Ils se sont appliqués, au contraire, à rechercher les défauts du système, les inconvénients et les dangers que pouvait présenter cette institution, dont ils ont fait une critique sévère.

Ce système, ont-ils dit, a pour conséquence de laisser planer sur les lois une grande incertitude. Il assure au pouvoir judiciaire une prépondérance dangereuse dans l'État. Il lui fait jouer enfin un rôle politique qui

peut le mettre en conflit avec les autres pouvoirs. Telles
sont les trois objections sérieuses qu'ils ont fait valoir
contre le système.

Il convient d'examiner ces critiques, de rechercher si
les dangers qu'elles mettent à jour ne sont pas imagi-
naires et si, dans la mesure où ils existent, ils ne se trouvent pas écartés par un ensemble de correctifs.

SECTION I

LE REMÈDE A L'INCERTITUDE DES LOIS

Un acte législatif, aux États-Unis, n'est pas une loi par
cela seul qu'il a été régulièrement voté par le Congrès. Ce
n'est une loi qu'autant qu'il est conforme à la Constitution.
C'est là le fondement même du système que j'étudie.
Comme c'est au pouvoir judiciaire seul qu'il appartient de
dire la loi, le caractère d'un acte législatif ne sera déterminé que lorsque le juge aura prononcé sur la constitutionnalité de cet acte ; et comme, d'autre part, l'appréciation
d'un acte du Congrès n'est permise au juge qu'au cours
d'un procès dans lequel une des parties l'invoque, aussi
longtemps que cette condition fera défaut le caractère de
l'acte législatif restera incertain ; la question se posera de
savoir si c'est une loi, qui comme telle s'impose au respect
de tous, ou si c'est au contraire un acte nul, dont il y a
lieu de ne tenir aucun compte.

Cette question, si importante pour les particuliers,
aucun d'eux ne peut la résoudre, car la réponse appartient
au juge seul, et ce dernier ne peut même la donner que

lorsqu'elle lui est demandée au cours d'un litige entre particuliers.

Or il se peut qu'un délai très long s'écoule avant que cette question fasse naître un procès. Il se peut qu'une loi, n'ayant qu'une application restreinte, ne soit jamais invoquée par les particuliers devant les tribunaux, par suite jamais appréciée. Il est à présumer même que l'incertitude où seront les particuliers de la validité d'une loi les empêcheront de s'en prévaloir. Ils hésiteront à réclamer en justice un droit qui n'aura d'autre fondement qu'un acte peut-être nul et préféreront souvent transiger que d'engager un procès dont l'issue serait nécessairement douteuse. Ainsi, l'ignorance où chacun se trouvera de la validité d'une loi contribuera à prolonger l'incertitude, en retardant la reconnaissance par le judiciaire de la constitutionnalité de cette loi.

Bien plus, et c'est la seconde partie de l'objection, la déclaration par un tribunal qu'un acte est conforme à la Constitution n'aura pas pour effet de faire disparaître toute incertitude. Si l'on reconnaît, ce qui est le plus généralement admis, que l'appréciation d'une cour sur la constitutionnalité d'une loi n'est pas définitive et ne lie que les parties en cause, s'il est toujours possible à un tribunal de s'écarter de la décision des premiers juges, à ces juges mêmes de revenir sur leur opinion, un acte législatif reconnu constitutionnel une première fois pourra fort bien être déclaré inconstitutionnel dans un second procès.

Il se peut donc qu'une loi dont l'interprétation sera difficile et sujette à controverse soit tantôt écartée comme nulle, tantôt appliquée comme valide, suivant le tribunal devant lequel on l'aura invoquée.

Que devient, disent les adversaires du système américain, la règle que nul ne doit ignorer la loi? Et n'est-il pas évident que l'acte législatif perd de sa force et de son autorité à dépendre ainsi du caprice des juges, à n'avoir plus ce caractère immuable et presque sacré qui permet d'exiger de chacun qu'il connaisse la loi et la respecte?

On ne peut nier que l'incertitude sur un point de droit, les hésitations de la jurisprudence sur une question même secondaire aient les effets les plus regrettables. Les particuliers ne sont que trop prompts à contester le droit de leur adversaire : ils refuseront assurément de le reconnaître, pour peu qu'il y ait un doute sur l'existence de ce droit. D'où un plus grand nombre de contestations entre particuliers. En même temps, la loi perdra de son prestige à recevoir, même sur un seul point, des interprétations différentes. Or les mêmes conséquences se présentent à un bien plus haut degré de gravité et de danger quand l'incertitude porte non plus sur un point de droit, mais sur la validité d'un acte législatif en tant que loi, sur l'existence de la loi elle-même.

Telle est la double critique qui présente l'incertitude du droit, le défaut d'une consécration définitive de la loi, comme une cause permanente de trouble et un des plus grands dangers du système américain.

Elle semble à première vue fondée et difficile à repousser. Si l'on reste dans le domaine théorique, elle est suffisante pour condamner le système et pour le faire apparaître même comme presque impraticable. Si donc il fonctionne aux États-Unis d'une manière aussi aisée et satisfaisante, c'est que les Américains ont trouvé, dans la pratique, le moyen de remédier aux inconvénients que l'examen théorique révèle.

Quand le caractère constitutionnel d'une loi apparaît

douteux, ce qui est évidemment exceptionnel, la plupart des actes législatifs se présentant comme conformes de toute évidence à la constitution, les particuliers refusent généralement de faire fond sur cette loi avant de connaître l'opinion du Judiciaire ; ils prennent soin de ne pas fonder tout un ensemble de conventions et de droits sur une base aussi peu solide. Ils évitent ainsi qu'une déclaration d'inconstitutionnalité, prononcée postérieurement sur la demande d'une des parties, ne vienne jeter le trouble dans leurs rapports, en détruisant leurs droits et leurs obligations.

Ils cherchent au préalable à connaître l'opinion du Judiciaire sur la validité de la loi, et le procédé, pour l'obtenir, est des plus simples. En effet, si l'on ne peut poser à une Cour une question de constitutionnalité directement et en dehors d'une instance, les juges, par contre, ne peuvent refuser d'apprécier une loi invoquée au cours d'un procès quand l'interprétation de celle-ci est nécessaire à la solution du litige.

Les particuliers n'ont donc qu'à simuler un procès qui mette en question la validité de l'acte législatif qu'ils désirent voir examiner, de telle façon que les juges ne puissent trancher le litige sans interpréter l'acte.

Il suffit que les particuliers choisissent avec soin l'objet du litige, et sachent engager assez habilement le procès pour que les juges ne puissent éviter d'apprécier la constitutionalité de la loi sans refuser de juger le fond même de la contestation, sans commettre un déni de justice.

Ainsi les particuliers connaîtront l'opinion d'un tribunal sur la validité d'un acte législatif, par un moyen détourné mais fort simple.

Tocqueville, il est vrai, objecte qu' « il y a des lois qui

ne peuvent jamais donner lieu à cette sorte de contestation nettement formulée qu'on nomme un procès » (1). Bien que l'auteur ne cite aucun exemple, il est permis d'affirmer qu'une semblable loi n'aura pas un large champ d'application et n'intéressera qu'assez indirectement les particuliers. Ce ne peut être d'ailleurs qu'une très rare exception; dans presque tous les cas, il sera facile aux intéressés de demander indirectement l'avis d'un tribunal, et, le plus généralement, ils useront de cette faculté.

La faveur même dont jouit cette pratique est à elle seule une réponse à la seconde partie de la critique, relative aux variations possibles de la jurisprudence.

Si les particuliers, en effet, cherchent à connaître l'avis d'*un* tribunal, c'est qu'en fait l'opinion des premiers juges est presque toujours suivie par les autres. Quand une cour a déclaré une loi constitutionnelle, il y a tout lieu de croire qu'elle sera reconnue telle par toutes les cours devant lesquelles elle pourrait être invoquée, puisqu'elles auront, pour juger dans le même sens, les mêmes motifs que la première. Et quand même ces motifs ne leur paraîtraient pas très puissants, elles s'en inspireront en fait le plus souvent, afin d'éviter une contrariété de jugement. Cooley fait même de cette pratique une règle pour les juges. Faisant remarquer que « les raisons suffisantes pour déterminer un tribunal dans un cas particulier devraient être suffisantes pour conduire ce tribunal ou tout autre à la même conclusion dans tous les cas semblables », il ajoute : « Et si la même cour ou toute autre, dans un litige nouveau, doutait de la correction de la décision antérieurement rendue, elle aurait à considérer et à peser

(1) Tocqueville, *De la Démocratie en Amérique*, p. 124.

des conséquences d'un caractère très grave avant de s'aventurer à la méconnaître. Le conflit de décisions judiciaires, qui fait qu'un citoyen est toujours incertain de ses droits et de ses devoirs, est un mal très sérieux, et le mieux est de suivre les précédents » (1).

Cette réserve que les cours doivent observer et observent en fait, comme l'attestent de nombreux jugements, dans la modification d'un simple point de droit, elles s'en font une règle encore plus sévère quand il s'agit de toucher à la législation elle-même. Il est très rare qu'une loi reconnue d'abord inconstitutionnelle soit ensuite déclarée valide ou inversement. Il est cependant des exemples de ces revirements regrettables. En 1870, la Cour déclara nul l'acte du Congrès qui faisait des billets du gouvernement un objet de payement légal des dettes. Le même acte fut en 1871, puis en 1884, déclaré constitutionnel. Mais ce fait exceptionnel était dû à des causes politiques et à des manœuvres des partis. La règle que cite Cooley est presque unanimement suivie.

La critique qu'on tire de l'instabilité de la jurisprudence tombe ainsi à l'examen des faits. Le procédé imaginé par les particuliers leur permet de connaître immédiatement l'opinion du Judiciaire sur la constitutionnalité d'une loi ; la sage pratique adoptée par les cours permet que cette opinion soit une et ne varie qu'exceptionnellement.

L'incertitude de la loi n'existe qu'en théorie. En fait, celle-ci est aussi fixe et immuable que partout ailleurs.

(1) Cooley, ouv. cité, p. 49 ; Goodtitle v. Otway, 7, I R, 416, rapporté par Cooley, p. 49.

C'est pourquoi sans doute, parmi les Américains, qui avaient sous les yeux le fonctionnement du système, il ne s'en est trouvé, je crois, aucun pour soulever cette objection. Elle n'a guère été présentée que par des auteurs étrangers. Il est au contraire une critique beaucoup plus grave dont les quelques adversaires du système en Amérique, du temps où il en avait encore, se sont très largement servis ; les Européens n'ont fait que la reproduire.

SECTION II

LES FREINS ET CONTREPOIDS

Le système va faire jouer au Pouvoir judiciaire un rôle prépondérant dans l'État.

Il n'est pas nécessaire en effet, pour qu'une cour puisse en fait annuler une loi, que l'arrêt d'inconstitutionnalité soit définitif. Il suffit que cet arrêt lie les parties en cause pour qu'il soit possible au pouvoir judiciaire de s'opposer à l'exécution d'un acte législatif : il n'aura qu'à le repousser toutes les fois qu'on l'invoquera devant lui. N'est-ce pas là, disent les adversaires du système, un véritable *veto*, un pouvoir de contrôle du Judiciaire sur le législatif ? Un droit aussi exorbitant, reconnu au Judiciaire, en fait, prétendent ils, le pouvoir dominant, souverain, bientôt tyrannique.

Ce sont les arguments qui étaient invoqués déjà à la Convention de Philadelphie contre l'établissement d'une Cour Suprême ; les adversaires de la Constitution affirmaient alors qu'un semblable tribunal, indépendant et séparé, tirerait de son droit d'interprétation des lois une autorité supérieure à celle de la législature (1). Ce résultat était inévitable, puisque, disaient-ils, cette cour suprême aurait un pouvoir de contrôle sur les actes du Corps législatif, et que celui-ci n'aurait aucun droit de reviser ni de corriger ses décisions (2). S'ils visaient la Cour Suprême, c'est qu'elle devait être la plus haute émanation du Pouvoir judiciaire, mais c'est ce pouvoir lui-même qu'ils étaient anxieux de limiter, c'est le système tout entier qu'ils combattaient, ce système qui devait permettre aux juges « de fouler toutes choses à leurs pieds », dans l'opinion de Jefferson.

Ce fut du reste une préoccupation commune à beaucoup d'hommes politiques que cette crainte d'un Pouvoir judiciaire oppressif. Elbridge Gerry déplorait qu'il n'eût pas de limites définies (3). D'autres adversaires du système étaient notamment Patrick Henry, Edmond Randolph, Richard Henry Lee qui déclarait ne pas y voir « une étincelle de liberté » (4).

Beaucoup d'auteurs européens ont reproduit ces critiques anciennes. Ils ont, en reprenant ces arguments usés en Amérique, soutenu que le pouvoir judiciaire tire de son droit d'apprécier la loi une autorité prépondérante, qu'il peut aisément en abuser, que rien n'arrêterait ses empiètements et ses usurpations.

(1) Story, ouv. cité, t. III, p. 442 § 1576.
(2) Id.
(3) Pamphlet intitulé : Observations sur la nouvelle. Constitution par un Patriote Colombien (cité par H. L. Carson, p. 107).
(4) H. L. Carson, ouv. cité, p. 107.

Or, ici encore, l'expérience a démontré le mal fondé de
ces critiques. Il est faux en effet que le Judiciaire ne connaisse pas de limites, il est faux aussi que les autres
pouvoirs n'aient aucune prise sur lui.

I

D'abord les pouvoirs de ce département sont en eux-
mêmes bornés, en ce qu'il ne peut jamais imposer sa
volonté *manu militari*, sans l'assentiment de l'exécutif.
Il est faible de sa nature, ne disposant d'aucune des res-
sources mises à la disposition des autres départements,
n'ayant d'influence ni sur l'épée ni sur la bourse. C'est
l'idée qu'exprimait très nettement Hamilton dans le *Fédéraliste* : « On peut dire franchement qu'il (le pouvoir
judiciaire) n'a ni la force ni la volonté, mais simplement
le jugement; et qu'il dépend en définitive de l'aide de
l'exécutif pour exercer efficacement même cette unique
faculté, que le judiciaire est, au delà de toute comparaison,
le plus faible des trois départements, qu'il ne peut jamais
attaquer avec succès aucun des deux autres et que le plus
grand soin est nécessaire pour lui permettre de se défendre
contre leurs attaques (1). »

L'absence de volonté, selon l'expression de Hamilton,
qui consiste en ce que le pouvoir judiciaire n'a pas d'initiative et ne peut aller au devant des questions qu'il doit
au contraire résoudre quand elles lui sont présentées,

______

(1) *The Federalist* n° 78 par Hamilton. On trouve la même idée dans
le *Federalist*, n° 81, et dans Francis Lieber, Political Ethics, v. II.
p. 282.

restreint déjà grandement ses pouvoirs. Mais la restriction est ici plus théorique que pratique puisqu'une loi n'aura jamais d'effet qu'autant que le pouvoir judiciaire consentira à l'appliquer. L'impuissance au contraire à faire exécuter par la force ses décisions apporte une limitation beaucoup plus efficace à son autorité. Quand Jackson observait en 1832 : « John Marshall a prononcé son jugement; qu'il l'exécute comme il peut », c'est à la faiblesse de la Cour Suprème qu'il faisait allusion ; et celle ci, sans son appui, ne put en effet faire mettre en liberté les individus emprisonnés sous l'empire d'une loi de Géorgie qu'elle avait déclarée inconstitutionnelle (1).

Cette nécessité de recourir « au bras de l'exécutif » n'est pas seulement un obstacle matériel à la toute-puissance et à la domination du pouvoir judiciaire; on peut dire qu'elle agit moralement sur le juge, en l'obligeant à reconnaître au dessus de lui une force qu'il ne peut briser. « J'ai exercé tout le pouvoir que la Constitution et les lois me confient, disait le Chief Justice Taney, mais une force que je n'ai pu faire céder a resisté à mon pouvoir (2) ».

Peu importe qu'en fait, comme le constate de Chambrun, le Pouvoir exécutif accepte ces arrêts de la Cour Suprème et consente par conséquent presque toujours à leur donner effet. L'impossibilité où est le Judiciaire de les faire exécuter lui-même, sans être un obstacle à leur exécution, en est un au contraire à la souveraineté de ce département.

Il est donc vrai de dire que par leur nature ses pouvoirs sont bornés. Toutefois ceux qui lui sont reconnus, même

____

(1) Bryce, I, p. 269.

(2) « Law Reporter » juin 1861, p. 89, ex parte Merryman, cité par Chambrun, ouv. cité, p. 150.

ainsi enfermés dans des limites raisonnables, ne pourraient manquer de devenir dangereux entre les mains de juges indépendants et délivrés de tout contrôle. Les abus de pouvoir seraient fréquents, les usurpations faciles, échappant à toute répression.

Ce péril ne peut être à craindre de la part des juges des États. Ceux-ci sont élus par le peuple, et pour une si courte durée qu'ils ne peuvent conserver leurs charges qu'avec le consentement exprès de leurs électeurs. Il est presque juste de dire qu'ils sont révocables *ad nutum*. Il n'en est pas de même pour les juges fédéraux. Ils sont en effet nommés par l'Exécutif et inamovibles. Non seulement ils ne peuvent en principe être révoqués, mais leur traitement ne peut être modifié. Car, bien que la Constitution n'interdise express‘ment que la diminution du traitement (1), il est reconnu qu'il ne pourrait non plus être augmenté. Ils sont donc à ce point de vue indépendants. Ils n'ont rien à craindre du mécontentement des partis, rien à espérer de leur faveur, « parce qu'ils sont au faîte et ne peuvent monter plus haut » (2).

Il importait cependant que le Judiciaire fédéral ne se sentît pas absolument irresponsable et hors de toute atteinte. Si l'indépendance du magistrat est une condition indispensable d'une bonne justice et donne aux juges fédéraux une supériorité incontestable sur les juges des États, il faut empêcher toutefois qu'elle ne conduise à

(1) The judges, both of the Supreme and inferior courts, shall hold their offices during good behaviour, and shall, at stated times, receive for their services a compensation, which shall not be diminished during their continuance in office. art. III, sec. Ire.

(2) Bryce, I, p. 265.

l'impunité. La crainte de ce danger serait ici encore mal fondée, car les constituants ont fort sagement donné aux autres pouvoirs et surtout au Législatif une prise sur le judiciaire.

II

Les juges, en vertu de la Constitution fédérale, peuvent être, dans certains cas, destitués, par le pouvoir législatif, mais dans des formes déterminées, suivant une procédure qu'on appelle l' « impeachment ».

La Constitution déclare, en effet, que « le Président, le Vice-Président et tous les fonctionnaires civils des États-Unis peuvent être destitués après que, sur un impeachment (ou mise en accusation), ils auront été convaincus de trahison, de corruption ou autres crimes ou délits » (1).

Cette procédure particulière consiste en ce que le fonctionnaire est mis en accusation par la Chambre des représentants et jugé par le Sénat. Les juges, qui sont des fonctionnaires civils peuvent donc encourir la déchéance par la volonté du corps législatif. Ils sont ainsi soumis au contrôle et à la sanction des deux Chambres à la fois, l'une ayant le droit de provoquer, l'autre celui de prononcer la destitution du magistrat coupable.

Cette disposition est la garantie la plus certaine que les membres du judiciaire ne méconnaîtront pas l'autorité du

____

(1) Constitution, art. II, sect. 2.

Législatif qui dispose contre eux d'une arme aussi sûre, et ne s'insurgeront pas contre un pouvoir dont ils ont tant à craindre. C'est l'heureux effet que prévoyait Hamilton de cette institution et la justification qu'il en donnait : « Elle offre à elle seule, disait-il, une sécurité complète. Il ne peut y avoir aucun danger que les juges, par une série d'usurpations volontaires sur l'autorité de la législature, s'attirent le ressentiment combiné du corps qui en est investi, alors que ce corps est muni des moyens de punir leur présomption en les dégradant de leurs emplois » (1).

Il semble que jusqu'ici la crainte seule de s'exposer aux représailles du pouvoir législatif ait suffi pour maintenir les juges dans la légalité, car le Congrès n'a pas usé plus de quatre ou cinq fois de son pouvoir d'impeachment (2). Ce fut, nous apprend Noailles, contre John Pickering, juge du district de New Hampshire (1803-04), Samuel Chase, *associate justice* de la Cour Suprème (1804-05), James Peck, juge de district de Missouri (1826-31), Humpheys, juge de district du Tennessee (1862), De ces quatre mises en accusation qu'il cite, deux, dit-il, « s'expliquaient par des raisons d'indignité personnelle » (3).

Les Chambres ont d'elles-mêmes compris qu'un usage modéré de leurs droits suffirait à réprimer toute tentative d'empiètement de la part du Judiciaire, et elles ont fort sagement refusé de les étendre arbitrairement, comme les

(1) *The Federalist*, n° 81, par Hamilton.

(2) « Le grand avantage de la responsabilité, dit Laboulaye, est de prévenir l'excès de pouvoir bien plutôt que de le punir. » *Le parti libéral*.

(3) Noailles, ouv. cité, page 203.

termes assez vagues de la Constitution leur en donnaient la facilité.

Lors de l'acquittement triomphal de Chase, elles limitèrent très justement, sur les instances de Robert G. Harper et Joseph Hopkinson, défenseurs de Chase, leur droit d'impeachment au seul cas de crimes ou délits punis par la loi (1).

Cette interprétation restrictive n'impliquait nullement une renonciation des droits du judiciaire. Jefferson avait tort d'en conclure « que l'impeachment était devenu une chose impraticable, un pur épouvantail (2), et John Randolph se hâtait trop en soumettant cet amendement à la Constitution : « que les juges seront révocables par le Président sur l'adresse conjointe des deux Chambres du Congrès (3). »

Les vues pessimistes de Jefferson étaient fausses ; la mesure proposée par Randolph était excessive : l'impeach-

---

(1) Les mots : ou autres crimes ou délits (high crimes et misdemeanors) sont en effet des moins précis. Les adversaires de Chase, et notamment John Randolph, prétendaient que ces termes désignaient toutes sortes d'abus, qu'ils fussent ou non punis par la loi. La Cour au contraire les interpréta dans leur sens le plus étroit et le plus logique à la fois. La controverse se ranima d'ailleurs plus tard, lors du procès du président Johnson.

(2) « Le Judiciaire des États-Unis est le corps subtil de mineurs qui travaille constamment sous terre à saper et miner les fondations de notre édifice fédéral..... Ayant découvert par expérience que l'impeachment est une chose impraticable, un pur épouvantail, il se considère comme en sûreté pour la vie..... » Lettres de Thomas Jefferson à Thomas Ritchie, 21 déc. 1820. Jefferson's Works vol. VII, p. 292 (cité par L. Carson. p. 208).

(3) Hampton L. Carson, ouv. cité, p. 208.

ment, loin d'être abandonné, fut au contraire exercé deux fois encore dans le cours du siècle, bien après l'acquittement de Chase; il suffit encore aujourd'hui à prévenir les abus du judiciaire.

Il serait au contraire fort dangereux pour l'indépendance des juges que cette procédure fût employée fréquemment contre eux et en dehors de circonstances très graves. Et les constituants l'ont si bien compris qu'ils ont accordé au juge une garantie très sérieuse : il faudra, aux termes de la Constitution, la majorité des deux tiers pour obtenir une condamnation contre l'accusé.

L'impeachment a donc permis d'atteindre très heureusement le résultat cherché : il constitue une mesure qui, sans asservir le judiciaire, donne cependant au législatif une prise sur lui.

Ces restrictions à la toute-puissance du Judiciaire pourraient paraître suffisantes ; elles sont en tout cas très équitables. Il en est d'autres au contraire qui ont été quelquefois jugées excessives.

III

La Constitution reconnaît en effet au Congrès le droit de créer à sa volonté de nouveaux sièges à la Cour Suprême; d'autre part, c'est au Président qu'il appartient de nommer les juges.

Le pouvoir législatif pourrait donc, par une entente avec le Président ou grâce à une pression exercée sur ce dernier par le Sénat, faire entrer à la Cour Suprême des hommes de son choix. C'est là une ingérence très marquée du

Législatif dans l'organisation du Judiciaire, une disposition qui peut avoir, par conséquent, les effets, les plus graves conséquences et semble même très critiquable. Car il n'est que trop facile au Congrès d'obtenir une Cour Suprême dévouée à sa majorité : il n'a qu'à créer de nouveaux offices auxquels il fait nommer par le Président des membres imposés par lui.

Il se fait ainsi de véritables fournées de juges, comme il se fait des fournées de pairs. Quelquefois, en effet, c'est par la création de plusieurs sièges que le Congrès parvient à renverser la majorité de la Cour ; mais, le plus souvent, c'est par une œuvre lente et des nominations successives (1).

Comme, d'autre part, aussitôt qu'une vacance se produit, le Président a soin de la remplir avec un membre de son parti, il en résulte qu'après un certain nombre d'années les juges de la Cour se trouvent appartenir tous au même parti, celui qui détient le pouvoir. C'est ainsi que la Cour Suprême, observe Bryce, a modifié ses tendances, à plusieurs reprises dans le cours du siècle, mais lentement.

Rien n'empêche le Congrès d'user de la fournée de juges dans une circonstance déterminée, pour assurer des magistrats favorables à une cause. L'exemple que cite à ce propos Woodrow Wilson est typique : en décembre 1869 la Cour Suprême se prononça contre la constitutionnalité des Legal tender Acts du Congrès ; dans le courant du mois de mars suivant, une vacance se produisit opportunément parmi les juges et une nouvelle charge (justiceship) fut créée pour y pourvoir ; le Sénat donna à

____

(1) Des sièges furent ainsi créés dans le but de modifier la majorité de la cour notamment en 1801, 1802, 1807, 1837, 1863, 1866.

entendre au Président qu'aucun candidat défavorable aux actes discutés ne serait agréé. Deux juges de l'opinion du parti dominant furent nommés, la majorité hostile de la Cour fut battue et la décision coupable renversée (1).

IV

Toutefois la création de nouveaux juges n'est pas, comme l'observe Woodrow Wilson, le seul moyen qu'ait le Congrès de contrôler la Cour Suprême. Il peut, sinon forcer les juges à rendre une décision conforme à sa volonté, du moins les empêcher d'en rendre une qui y serait contraire. Il peut en effet enlever compétence à la cour dans un cas déterminé, et cela alors même que l'affaire serait pendante. Ce pouvoir exorbitant s'explique aisément : la compétence de la Cour Suprême ne dérive que pour une très faible partie de la constitution. Elle est fondée presque entièrement sur le Judiciary Act de 1789, qui, étant émané du Congrès, peut être modifié par une loi.

Le Congrès prévoit-il que, dans tel litige, la Cour aura à apprécier la validité d'une loi et la déclarera inconstitutionnelle, et veut-il prévenir ce résultat, il enlèvera compétence à la Cour sur tous les cas dans la catégorie desquels entre ce litige.

C'est ainsi qu'en 1868 une loi vint interdire à la Cour Suprême de se prononcer sur les appels individuels qui

(1) Woodrow Wilson, *Congressional Government*, p. 37.

mettraient en question la validité des lois dites de reconstruction.

A plus forte raison le Congrès aurait-il le droit de disposer que telle décision ne pourra être rendue qu'à une majorité déterminée, ce qui résulte d'ailleurs des termes mêmes de la Constitution. (Art. III, sect. 2.)

C'est ainsi que la Chambre des représentants, en 1868, vota un bill portant que la Cour Suprême ne pourrait décider de la constitutionnalité d'une loi qu'à la majorité des deux tiers des juges présents (1).

Sur les cours inférieures de Circuit et de District, la Constitution (art. III, sect. 1re) reconnaît au Congrès des droits encore plus remarquables. C'est lui-même qui les crée, et à ce pouvoir considérable aucune limite n'est apportée. Il est seul juge du nombre de tribunaux qu'il convient d'établir, comme de l'opportunité de leur création. Il pourrait même, Hamilton le prétend (2), ériger en cours fédérales des tribunaux déjà existants, des tribunaux d'États.

Voilà les droits reconnus au Congrès, voilà le pouvoir dont il dispose vis-à-vis du Judiciaire fédéral. La seule cour dont la création ne lui appartient pas dépend de lui en grande partie pour sa composition et pour sa compétence.

Il semble extraordinaire qu'on puisse, dans ces conditions, parler d'une prépondérance du pouvoir judiciaire et prétendre qu'il est souverain et tout-puissant. Une semblable opinion est si pleinement contredite par les faits qu'on a pu soutenir, sans aucun paradoxe, la théorie exac-

____

(1) De Chambrun, ouv. cité, p. 137.
(2) *The Federalist*, no 84, v. p. 77.

tement opposée. Woodrow Wilson notamment, dans une thèse très nette, s'est attaché à démontrer que le Congrès jouit d'une autorité sans limite, que les barrières qui lui sont opposées en théorie n'existent pas dans « la pure réalité de la pratique actuelle » et que le pouvoir souverain est le pouvoir législatif.

C'est aller peut-être un peu loin en sens contraire, et la conclusion qui semble s'imposer entre ces deux opinions extrêmes est que les pouvoirs législatif et judiciaire se contrôlent mutuellement. Quant à déterminer de quel côté penche la balance, lequel des deux a contre l'autre les moyens d'action les plus sûrs, c'est une question qu'il est difficile de résoudre théoriquement. Il faudrait apprécier pour cela l'effet exact des droits reconnus à chacun d'eux, ce qu'il serait impossible de dégager de la complexité du système. Le plus sûr est donc de s'en tenir à la seule donnée certaine qui nous soit fournie : les résultats mêmes du système tout entier. De ce qu'il fonctionne régulièrement et assure le respect de la constitution, il convient de conclure qu'il existe un heureux équilibre entre les pouvoirs du Législatif et ceux du Judiciaire.

V

Ce ne sont pas les pouvoirs législatif et exécutif seuls qui ont un contrôle sur le Judiciaire ; on a fait observer avec raison qu'il y avait aux États-Unis un pouvoir constituant, et qu'il contribuait très efficacement à maintenir le Judiciaire dans de sages limites.

Aux États-Unis, en effet, le peuple a toujours le droit de modifier sa Constitution (1) ; c'est donc toujours à lui qu'il appartient, par l'exercice de ce pouvoir, de prononcer en dernier ressort sur les questions de constitutionnalité, de faire qu'une loi soit constitutionnelle ou non, par un changement à l'une des clauses, par l'insertion d'un article nouveau.

Sans ce frein indispensable, on accorde aux juges, avec un droit d'interprétation définitive, les moyens de modeler à leur gré le pacte national et de le transformer. Rien ne serait plus dangereux, car ce serait, selon l'expression d'un auteur français (2), remettre directement entre leurs mains le pouvoir constituant. La revision possible de la Constitution permet au peuple d'interpréter sa volonté (3), et, par là, prévient fort heureusement les usurpations et les excès de pouvoir du Judiciaire.

VI

Il faut remarquer enfin que ces effets satisfaisants que la pratique signale sont, en partie, dus à une autre cause toute particulière aux États-Unis, je veux parler des habitudes politiques des Américains.

Le respect de la légalité, la conviction que l'abus d'un droit est destructif du droit lui-même en sont les traits les plus remarquables. J'ai déjà signalé, dans le cours

(1) Constitution, art. V.
(2) L. Jousserandot. *Du pouvoir judiciaire et de son organisation en France,* p. 33.
(3) Id.

de cette étude, maintes circonstances dans lesquelles le pouvoir législatif et le pouvoir judiciaire avaient d'eux-mêmes limité leurs droits. Ce ne sont que des exemples d'une pratique très générale.

Bien que ces mœurs politiques ne soient bien sûr pas un des traits du système américain de l'inconstitutionnalité, il est cependant impossible de les en séparer, car elles constituent, comme on l'a souvent observé, le frein le plus sûr et la garantie la plus efficace d'un bon fonctionnement du système.

Ces qualités précieuses se trouvent à un très haut degré chez les juges fédéraux, qui jouissent aux États-Unis d'une réputation méritée d'honneur et de dignité. Choisis parmi des hommes éminents, les membres les plus célèbres du barreau, le titre de juge est pour eux la récompense de talents brillants, un témoignage de confiance dont ils sont fiers, une source d'honneurs. Ils se montrent donc soucieux de conserver l'estime que leur valent leurs hautes fonctions et évitent soigneusement les abus d'autorité qui la leur feraient perdre.

« Qu'il soit dit à votre gloire, prononçait un orateur au Centenaire de la Cour Suprême, que jamais vous n'avez fait abus de vos pouvoirs (1). »

C'est ce caractère des juges fédéraux, cette modération qu'ils apportent dans l'exercice de leurs pouvoirs qui, entre autres avantages, permet d'écarter ou tout au moins d'atténuer une dernière objection au système, beaucoup plus grave que les précédentes :

______

(1) M. Arnoux. H. L. Carson, ouv. cité où se trouvent aussi tous les discours prononcés en cette occasion à l'éloge du pouvoir judiciaire fédéral.

Si les fonctions attribuées au judiciaire ne lui assurent pas la prépondérance sur les autres pouvoirs, elles le conduisent du moins à s'ingérer dans les questions de politique. Il doit nécessairement arriver que des procès entraînant des questions politiques soient portés devant les cours, que ces dernières se trouvent ainsi mêlées à des querelles de partis, dans lesquelles risquent de se perdre leur impartialité et leur autorité. Comme interprètes et gardiens de la Constitution, c'est aux juges en effet qu'il appartient de déterminer les droits reconnus par elle au gouvernement fédéral vis-à-vis des États, aux diverses branches de ce gouvernement l'une envers l'autre, c'est-à-dire de résoudre les problèmes les plus graves que peut faire naître le fonctionnement d'un gouvernement fédéral.

Car c'est précisément sur l'interprétation de la Constitution que se livreront les luttes des partis et que se déchaîneront les passions les plus ardentes. Bryce l'explique fort simplement. Comme il est très difficile, aux États-Unis, de changer la Constitution, tous les efforts des partis tendront à la modifier indirectement, presque invisiblement, en en détournant le sens par l'interprétation. C'est ainsi qu'au début du siècle, aucun des deux partis fédéraliste et républicain ne songeait à modifier la Constitution ; tous leurs efforts tendaient uniquement à l'interpréter l'un dans le sens le plus restrictif des droits du pouvoir fédéral, l'autre dans le sens le plus favorable à leur extension.

Cette situation n'est nullement particulière aux États-Unis. Toutes les fois qu'un acte, constitution ou loi, ne peut être modifié, la discussion se porte naturellement et nécessairement sur le sens de cet acte. Et Bryce en cite un exemple très net.

Quand Charles Ier ne pouvait obtenir du Parlement que celui-ci lui reconnût le droit de lever des taxes et que le Parlement se servait de « son pouvoir de la bourse » pour résister à Charles Ier, la question de savoir si le ship-money (impôt sur les navires) pouvait légalement être perçu était vitale pour les deux partis, et les juges tenaient la balance en leurs mains. La loi alors ne pouvait être changée par suite du désaccord entre le roi et les Chambres : le conflit portait sur l'interprétation de la loi existante.

Ce qui se produisait alors exceptionnellement en Angleterre se trouve être presque la situation normale aux États Unis. Ce sont les juges qui tiennent la balance dans la plupart des conflits politiques, c'est à eux qu'il est réservé de donner la victoire à l'un ou à l'autre des adversaires. Rien n'est plus dangereux pour la dignité et l'honneur des juges. Sollicités par les partis durant le litige, ils seront ensuite accusés de corruption par le parti vaincu, et leur prestige ainsi disparaîtra dans « le tourbillon de la politique » (1).

« Les juges les plus honnêtes, dit Dicey, ne sont après tout que des hommes honnêtes, et quand ils seront appelés à déterminer des matières politiques ou d'État ils seront guidés par des sentiments politiques et des raisons d'État. Une cour perd ainsi son autorité morale (2). »

Telle est la conséquence du rôle que le système améri-

(1) Bryce.
(2) Dicey, the Law quaterly Review, janv. 85.

cain de l'inconstitutionnalité des lois fait jouer au Judiciaire.

Ces critiques sont assurément fondées ; mais elles sont, je crois, exagérées, en partie tout au moins. Il est indéniable que les juges peuvent être conduits par la nature même de leurs fonctions à jouer un rôle politique ; mais ce fait n'aura pas toujours les conséquences funestes qu'on a cru pouvoir en déduire.

Il convient, pour répondre à ces critiques, de distinguer nettement le judiciaire fédéral des tribunaux d'État. Relativement aux juges fédéraux, l'objection a beaucoup plus de force en théorie que pratiquement, car en fait les dangers dont les adversaires du système tirent argument se sont trouvés écartés.

Que le péril ait été évité, cela tient à diverses causes. Mais la première est certainement la haute autorité dont jouissent les juges fédéraux, et dont j'ai déjà dit un mot tout à l'heure.

Les magistrats ont toujours été choisis par les Présidents successifs avec beaucoup de sagesse, parmi les membres de leur parti il est vrai, mais à raison du mérite seul. L'heureux choix de John Marshall suffit pour gagner à la Cour Suprême et au Judiciaire tout entier l'admiration et le respect des citoyens. Non seulement il donna par son talent et sa dignité un éclat remarquable aux fonctions de juge, mais ce furent lui et ses collègues qui créèrent les traditions que suivent encore aujourd'hui les cours fédérales et qui sont leur titre de gloire. Depuis lors les places de juges ont presque toujours été données aux jurisconsultes les plus éminents, en sorte que la capacité et les qualités personnelles des magistrats commandent à elles seules le respect et la confiance des particuliers.

Formant une élite, ils se trouvent placés par là même au dessus du soupçon. Il est peu à craindre que des accusations soient portées contre eux sans des preuves très graves, ni que leur bonne foi soit trop promptement incriminée. Leur ingérence dans les questions politiques ne présente donc pas pour eux les dangers qu'elle ferait courir à des juges moins respectés (1).

Cette haute influence dont jouissent les juges, ils l'ont conservée d'autant mieux qu'ils ont toujours évité d'en mésuser.

Ce n'est que très rarement qu'ils se sont laissés tenter par la facilité de leur ingérence dans les questions de politique pure; ils s'en sont tenus autant que possible éloignés, évitant toujours de donner leur avis sur ces questions quand ils pouvaient, sans manquer à leur devoir, s'en abstenir. On a donné de cette réserve des juges bien des raisons. C'est d'abord la haute idée qu'ils ont de leurs fonctions qui la leur dicte, et la certitude que les discussions politiques affaibliraient leur autorité. C'est aussi, selon Bryce (2), la force du sentiment professionnel chez les juges américains, leur souci de ne pas déchoir dans l'estime de leurs collègues ou des membres du barreau. Choisi dans les rangs de ces derniers, le magistrat conserve avec eux des relations, s'efforce de ne

(1) Les juges fédéraux ont cependant rencontré des adversaires. Dicey, pour ne citer qu'un nom, prétend qu'ils ont peine à remplir les devoirs qui leur sont imposés et qu'ils ont été plusieurs fois au dessous de leur tâche (the Law quaterly Review, janv. 1885). Mais c'est là un jugement contraire à l'opinion genérale.

(2) Ouv. cité, vol. I, p. 265.

pas s'attirer leurs critiques, ni surtout leurs blâmes. Instruit dans le respect du droit et de la légalité qui est de tradition pour les membres du barreau, il considère que son devoir, une fois juge, est de ne pas s'en écarter et de résister aux sollicitations de son parti; qu'il ne peut sans honte « prostituer ses fonctions aux intérêts politiques d'une faction ».

Il y a de nombreux exemples de tribunaux refusant de s'immiscer dans les questions politiques. Le plus remarquable est assurément celui que nous fournit l'affaire Marbury contre Madison.

Quand le président Thomas Jefferson entra en fonctions, le 4 mars 1801, quarante-deux magistrats venaient d'être choisis par son prédécesseur John Adams, un fédéraliste, dans un but politique évident. Les commissions de ces juges, déposées à la hâte le matin même, étaient signées par son prédécesseur, contresignées par le secrétaire d'État et revêtues du sceau officiel. Jefferson, républicain, ordonna qu'elles ne fussent pas enregistrées, et les considéra comme nulles. L'un des juges, Marbury, cita en justice le secrétaire d'État Madison, qui refusait de lui délivrer sa commission, et demanda à la Cour Suprême d'ordonner, par un *mandamus*, que sa commission lui fût remise.

La situation était grave; Madison avait agi sur l'ordre du président Jefferson; il n'était que son agent. C'était donc l'acte du Président dont la Cour allait avoir à rechercher la légalité; c'était les droits de l'exécutif même qu'elle était appelée à contrôler.

La Cour, présidée par J. Marshall, se tira de la difficulté par une distinction, séparant nettement la question politique du point de vue juridique.

Elle distingua suivant que le fonctionnaire, dans l'espèce

le secrétaire d'État, agissait comme agent de la loi ou comme agent de l'exécutif. Dans le premier cas, si la loi lui ordonne de faire un acte et qu'en négligeant de l'accomplir il viole des droits acquis, il est responsable devant les cours. Dans le second cas, l'acte du fonctionnaire est l'acte du Président et, « quel que soit le jugement que l'on porte sur la manière dont agit l'Exécutif, il n'existe pas et il ne peut exister de pouvoir de contrôle. Ces matières sont politiques » (1). De même que l'acte du Président en ces matières est définitif et ne pourrait être soumis aux cours, de même les actes d'un fonctionnaire obéissant aux ordres du Président, dont il n'est que l'instrument, échappent à tout contrôle du Judiciaire.

Ainsi la Cour Suprême reconnaissait par là très nettement que les actes politiques échappaient entièrement à sa compétence.

Même dans le cas où elle se reconnaissait le droit de contrôler les agents de l'Exécutif, elle hésitait à intervenir, tant sa crainte était vive d'avoir à jouer un rôle politique. John Marshall concluait en effet : « Les relations politiques d'un caractère intime qui existent entre le Président des États-Unis et les chefs des départements ministériels rendent nécessairement l'examen des actes de ces hauts fonctionnaires particulièrement embarrassant et délicat » (2). Et il rejetait la demande de Marbury.

De même, quand en 1793 la Cour Suprême refusait de donner au président Washington l'avis qu'il sollicitait d'elle (3), elle faisait preuve d'une prudence remarquable.

(1) Cité par de Chambrun, ouv. cité, p. 143.
(2) Cité par de Chambrun, ouv. cité, p. 144.
(3) Voir p. 102.

Elle gagna beaucoup en autorité, comme tribunal judiciaire, à dédaigner la haute influence politique qu'elle avait alors l'occasion d'acquérir.

Ce ne sont pas les seuls exemples de cette réserve dont ne se départissent que très rarement les juges américains. Elle se manifeste dans nombre de jugements où elle paraît même regardée comme une règle de conduite (1).

Le droit reconnu aux cours de trancher des questions politiques ne peut présenter de dangers graves dès lors que les juges mettent tant de prudence à l'exercer. L'objection portée contre le système américain et fondée sur l'ingérence du Judiciaire dans la politique n'est guère que théorique en ce qui concerne les tribunaux fédéraux. Si elle ne disparaît pas entièrement dans la pratique, elle est du moins grandement atténuée par la dignité que les juges fédéraux apportent en leurs fonctions.

On cite comme des exceptions les cas où les cours fédérales, et notamment la Cour Suprême, se sont laissé guider dans leurs décisions par des motifs politiques.

La Cour Suprême commit cette faute en 1857, dans l'affaire Dred Scott (2). Que l'arrêt ait été ou non le résultat d'un marché passé avec les Démocrates, il paraît bien certain qu'il avait été dicté par des intérêts de parti et non par le souci d'une exacte justice.

En 1868, dit Bryce, c'était par sympathie pour les Répu-

____

(1) Notamment dans Luther v. Borden (7 Howard 1) où le Chief Justice Taney concluait que, les arguments du plaignant s'appuyant sur des droits politiques, la cour ne pouvait les apprécier. « Ce tribunal, déclarait-il, doit être le dernier à franchir les bornes qui limitent sa propre juridiction... et il est de son devoir de ne pas s'engager dans des discussions qui appartiennent à d'autres forums. »

(2) Voir p. 127 et s.

blicains que la Cour tendait à soutenir le plan de « reconstruction » du Congrès que le président Johnson combattait.

Ces immixtions des juges fédéraux dans la politique, assurément regrettables et qui leur valurent des attaques très vives, sont des exceptions ; la rareté de ces exemples le prouve. Elles ne justifient pas l'objection adressée au système de l'inconstitutionnalité des lois sur le fondement du rôle politique qu'il attribue aux juges.

La même critique semble beaucoup plus fondée en ce qui concerne le fonctionnement du système dans les États particuliers.

Les garanties que présentent les juges fédéraux, leur indépendance notamment qui leur permet de jouer sans danger un rôle politique, ne se retrouvent nullement chez les juges des États (1), qui ont cependant à jouer le même rôle.

Nommés à l'élection populaire pour une période très courte, ils se trouvent placés sous le contrôle presque permanent de leurs électeurs, tenus, s'ils veulent être réélus, de leur complaire.

Bien loin de se tenir à l'écart des questions politiques,

(1) Le mode d'élection de ces juges est un obstacle à leur indépendance, l'insuffisance du traitement éloigne de ces fonctions les jurisconsultes de valeur, le peu de considération dont elles sont entourées fait qu'on ne les recherche qu'en vue du profit à en tirer. Tout contribue donc à créer des juges partiaux, sans influence, faciles à corrompre. Il est vrai que Bryce (v. I, p. 508) indique plusieurs causes qui contribuent à maintenir une certaine dignité parmi ces juges : l'exemple des cours fédérales, l'influence de l'opinion publique et de celle du barreau. Mais il n'en est pas moins certain que les juges des États sont de beaucoup inférieurs aux juges fédéraux.

ils sont tentés d'y intervenir toutes les fois qu'ils peuvent servir par là les intérêts de leur parti. Car avant d'être juges, ils sont démocrates ou républicains.

Il est donc parfaitement vrai de dire que la possibilité pour ces juges de jouer un rôle politique est un danger, parce que ce leur sera une occasion de faire servir la justice aux intérêts de leur parti.

Mais est-il équitable de tourner cette critique contre le système américain ? C'est moins le rôle politique des juges qui est un mal que la manière dont ils s'en acquittent ; et s'ils apportent dans l'administration de la justice leurs passions politiques et l'esprit de parti, c'est l'organisation même du Judiciaire qu'il faut condamner et non le système de l'inconstitutionnalitté des lois.

On répondra que ce défaut d'indépendance chez les juges des États serait une raison de plus pour ne pas leur faire jouer un rôle politique et pour éviter la confusion des pouvoirs qui en résulte. Cette critique est juste, mais fort exagérée. La séparation des pouvoirs n'est plus qu'un mot aujourd'hui dans les États ; ce n'est pas l'intervention des juges dans quelques questions politiques qui a porté atteinte à ce principe. Sa violation tient à des causes plus graves. C'est le peuple, dans les États, qui a tous les pouvoirs. C'est lui en réalité qui rend la justice par l'intermédiaire d'agents qu'il choisit lui-même et qu'il tient sous ses ordres. C'est le peuple qui légifère, qui gouverne, qui juge. Il faut que la volonté du peuple soit faite, telle est la formule de la démocratie américaine. Qu'importe que ce soit par l'intermédiaire du législateur, du gouverneur ou des juges que la majorité impose sa volonté à la minorité.

Il y a donc quelque exagération à parler de la confusion

  CHAPITRE III

des pouvoirs que peut faire naître le système américain dans les États, alors que tous les pouvoirs s'y trouvent réunis entre les mains du peuple.

En fait, même dans les États, l'attribution aux juges d'un rôle politique n'a pas eu les conséquences funestes qu'on pouvait en attendre. La soumission des juges aux intérêts de leur parti ne se manifeste pas trop ouvertement et leur partialité n'est pas assez marquée pour leur faire perdre tout crédit. Les scandales sont rares. On n'en cite même qu'un seul qui ait fait éclat ; c'est celui dont la Cour de New-York City donna le spectacle en 1869-1871. Trois juges : Albert Cardozo, juif portugais, George Bernard et John H. Mc. Cunn furent, pendant deux ans, les complices et les instruments d'une association de politiciens éhontés dont ils faisaient partie, le Tweed-Ring.

Le scandale soulevé par « les trois juges du Tweed-Ring » était une nouveauté ; il ne se reproduisit jamais.

Toutefois, le fait seul qu'il était possible prouve avec quelle facilité peuvent se laisser corrompre les tribunaux d'États et le peu de garantie que présentent leurs membres. Il fait apparaître le danger du rôle politique attribué à de tels juges.

Ce danger, dont on fait une objection contre le système de l'inconstitutionnalité des lois, n'est donc nullement imaginaire. Il a été écarté, dans la pratique, par le Judiciaire fédéral. Il existe, au contraire, dans les États, où il n'a pas eu de graves inconvénients. Il faut ajouter que là même il tend à disparaître totalement par suite d'une coutume aujourd'hui très répandue et qui supprime l'effet en supprimant la cause. De plus en plus s'introduit dans les États la pratique de la législation directe par le peuple. Le déclin des législatures d'États, le peu de confiance qu'elles inspirent ont conduit le peuple à leur ôter la plus grande part de leurs attributions et à légiférer lui-même, par voie d'amendement ou d'addition à la Constitution. Bryce nous apprend que, très timides, elles ont souvent elles-mêmes sollicité l'intervention du peuple pour se débarrasser de questions délicates. Toutes les lois importantes sont faites ainsi directement par les citoyens et il est clair que, faisant corps avec la Constitution, elles échappent au contrôle des juges de l'État. Ceux-ci n'ont donc plus à apprécier la constitutionnalité que de quelques lois d'importance tout à fait secondaire.

*
* *

En résumé, par un ensemble de dispositions constitutionnelles et de procédés pratiques, qui sont les accessoires inséparables du système américain de l'inconstitutionnalité des lois ou qui, pour mieux dire, en sont une partie même, le fonctionnement régulier de ce mécanisme se trouve assuré de façon très heureuse.

Sans le procédé imaginé par les particuliers d'un procès simulé, sans l'impeachment, sans l'indépendance des juges, le système serait imparfait, faute d'un élément indispensable. C'est ce qui permet de dire que, dans les États, où le dernier trait a disparu, le système est en quelque sorte incomplet. Ce n'est pas là qu'il faut l'examiner pour le connaître dans tous ses détails et toute sa perfection, c'est dans l'Union, où il n'a subi encore aucune atteinte.

Ce n'est point en effet une conception théorique ni l'œuvre d'un législateur, simple en son unité, nettement définie par son auteur. C'est un produit de la nature, essentiellement complexe, formé d'éléments divers qui se sont lentement combinés, agrégés, pour former un tout.

Rien n'indique d'une façon précise qu'ils en font partie, il n'est pas toujours aisé par suite de déterminer pour quelle part ils y entrent, et cependant, sans eux, le système ne se serait peut-être pas développé ou ne pourrait fonctionner. Ils sont nécessaires à la vie de cet organisme compliqué; ils feraient défaut, qu'elle cesserait ou se ralentirait.

Il ne convenait donc pas de présenter le système dans ses traits généraux, mais d'en analyser au contraire les moindres détails, du moment qu'ils étaient nécessaires à son fonctionnement. C'est à cette seule condition, en rattachant au système ce que j'ai appelé les correctifs, les freins et contre-poids, qu'on le connaît dans son ensemble et qu'on s'en rend un compte exact.

CHAPITRE IV

APPRÉCIATION DU SYSTÈME

1re SECTION

UTILITÉ ET AVANTAGES DU SYSTÈME

Le système « qui a éveillé tant de curiosité parmi les Européens, fait naître tant de discussions, soulevé tant d'admiration » (1) nous est maintenant connu.

Il est incontestable qu'il a surpris par son originalité et son apparente nouveauté tous les auteurs qui l'ont rencontré. Ils lui ont, en même temps, reconnu de si grands mérites qu'ils se sont étonnés que l'idée n'en fût pas venue aux législateurs des pays d'Europe. Ils ont été ainsi tout naturellement amenés à analyser les avantages du système américain, puis à rechercher s'il était applicable ailleurs qu'aux États-Unis, si son adoption par les États d'Europe était possible et désirable.

C'est le plan que je suivrai moi-même.

Les mérites du système américain de l'inconstitutionnalité des lois ont été maintes fois énumérés. Les auteurs

(1) Bryce, I, p. 241.

américains surtout se sont plu à les faire ressortir. Mais ils ont négligé de distinguer entre ceux qui lui appartiennent en propre et ceux qui lui sont communs avec tous les systèmes d'inconstitutionnalité. Ces derniers consistent dans le maintien de la Constitution, qui pourrait en effet être assuré par des procédés différents. C'est là l'utilité du système, le résultat qu'il permet d'obtenir ; mais ce résultat pourrait être poursuivi, avec succès peut-être, par d'autres moyens.

D'autre part, le système américain présente des avantages qui lui sont propres. Ils résultent précisément de la façon particulière dont il atteint le but indiqué, de la manière dont le système fonctionne, avec une aisance et une sûreté qui sont ses caractéristiques.

I

L'utilité du système est incontestable. En protégeant la Constitution contre les attaques et les empiètements du législatif, il renferme dans les limites tracées par cette Constitution les pouvoirs de la majorité. Il est donc un obstacle à la toute-puissance de celle-ci, par là-même une protection pour la minorité. Il apparaît immédiatement que c'est là son objet le plus immédiat, sa raison d'être. Car s'il est nécessaire de maintenir la Constitution, ce ne peut être que pour empêcher la majorité du moment de dicter sa loi au reste de la nation et de devenir tyrannique, que pour assurer toujours à la minorité un minimum de droits et de libertés qu'un parti vainqueur, dans l'abus de son triomphe momentané, pourrait lui contester.

Comme l'ont très bien montré Noailles et John Adams, à propos de la Constitution américaine, Spencer dans sa *Théorie des droits de l'individu*, la majorité n'est pas souveraine absolue. Au dessus d'elle sont le droit et la justice dont les principes s'imposent au respect de la nation toute entière, de la majorité comme de la minorité, et exercent une suprématie en quelque sorte idéale sur les individus qui la composent, sans qu'il y ait à tenir compte des groupements qu'ils forment entre eux, à distinguer entre les partis. C'est dire qu'une majorité, si puissante qu'elle soit, ne peut invoquer le nombre et la force pour méconnaître l'autorité de ces principes et, renversant ces règles intangibles, leur substituer son propre caprice ; ce n'est au contraire qu'autant qu'elle les respecte et les observe, qu'une majorité peut légitimement commander à la minorité.

Quelques auteurs ont même été plus loin dans ce sens, en fixant au pouvoir de la majorité des limites plus précises et plus étroites à la fois que ces principes abstraits qui sont incontestables.

Les restrictions apportées à la puissance du plus grand nombre ne dériveraient pas seulement d'une idée de justice, qui commande de reconnaître à chacun un ensemble de droits primordiaux et nécessaires et place hors de toute atteinte ces droits naturels de l'individu : elles auraient pour base une convention tacite entre les citoyens. Les membres d'une société, en acceptant de se soumettre à la volonté de la majorité, ne s'y engageraient pas de façon illimitée ni pour tous les actes de leur vie future, mais pour ceux-là seulement qui répondent aux fins de la société.

C'est la théorie de Spencer, notamment, qui, tout en

écartant l'hypothèse du contrat social, admet cependant
un pacte entre les citoyens d'une même nation. « J'insiste,
dit-il, sur la proposition que les membres d'une association s'engagent individuellement à se soumettre à la
volonté de la majorité dans toutes les affaires concernant
l'accomplissement des desseins en vue desquels ils sont
entrés dans l'association, mais dans aucune autre. Et je
maintiens qu'elle s'applique au corps d'une nation aussi
bien qu'à une compagnie... Évidemment, il faut admettre
que l'hypothèse du contrat social... manque de fondement... C'est la coopération quelle qu'elle soit qui est la
source des droits et des devoirs de la majorité et de la
minorité, et s'il n'y a pas d'accord pour coopérer, il n'y a
pas non plus de tels droits, de tels devoirs... (1). »

Ainsi, selon Spencer, alors même qu'une Constitution
ne limite pas expressément les pouvoirs de la majorité, ils
n'en sont pas moins restreints par la volonté tacite des
citoyens qui composent une nation.

C'est en considérant la souveraineté de la majorité
comme restreinte, et elle l'est certainement, sinon par les
clauses d'une convention tacite, du moins par des principes incontestables de justice, qu'on a pu dire avec raison
qu'il y a des actes qu'une majorité ne saurait faire sans
devenir factieuse. « Il peut paraître étrange d'avancer
qu'une majorité soit une faction, dit John Adams, l'idée
est pourtant strictement exacte. Si la majorité se montre
partiale dans son propre intérêt, si elle refuse d'accorder
à chacun des membres de la minorité une égalité parfaite,
la majorité est une faction (2) ».

(1) Spencer, *l'Individu contre l'État*, p. 122 à 125.
(2) John Adams, *A defence of the Constitution of Government of the*

Accorder une puissance illimitée à la majorité serait donc contraire aux règles à la fois de l'équité et de la logique. Affranchir sa volonté de tout contrôle serait lui donner les moyens de violer des droits incontestables, de compromettre le bon ordre par l'abus de la force.

C'est l'idée qu'exprimait ainsi M. Beudant, parlant du gouvernement représentatif : « Rien ne le corrompt plus facilement que la croyance chez l'élu qu'il est le régulateur des idées et le dispensateur des droits, la toute-puissance humaine ..... Il aboutit alors à l'écrasement des minorités par des minorités changeantes, *ce qui est la pire et la plus intolérable des oppressions* (1) ».

Or, si l'oppression de la minorité par la majorité est un péril toujours à craindre et contre lequel les principes de justice et le souci de l'ordre commandent de se prémunir sous tous les gouvernements, il faut reconnaître qu'il est plus à redouter encore dans une démocratie républicaine. « La tyrannie d'un parti, maître du législatif, écrasant la minorité, s'entendant avec l'exécutif pour s'éterniser au Pouvoir, c'est là le plus grand danger, on peut même dire l'unique danger de la démocratie (2) ».

United States of America, t. III, p. 287. On trouve la même idée dans Madison et plus tard dans Story : « ... par ce mot de faction on doit comprendre un certain nombre de citoyens qui se groupent, soit en minorité, soit en majorité, pour quelque impulsion de l'esprit de parti, des passions ou des intérêts contraires aux droits des autres citoyens ou au bien général et permanent de la communauté (*The Federalist* et Commentaires de Story, cité par Noailles, t. I, p. 69).

(1) *Le Droit individuel et l'Etat* (1891) p. 285.

(2) Jousserandot, *Du pouvoir judiciaire et de son organisation en France*, p. 35.

C'est un fait presque d'évidence et qui a plusieurs causes. C'est d'abord, comme l'a très bien montré Prévost-Paradol dans une page saisissante, « que la rivalité des ambitieux et les troubles qui en dérivent vont plus loin sous la république que sous la monarchie constitutionnelle et conduisent ordinairement l'homme à des extrémités plus violentes... Il semble que les partis et leurs chefs se détestent davantage, se combattent avec plus d'animosité et sont plus tentés de s'anéantir au lieu de se contenir les uns les autres quand la forme du gouvernement est républicaine » (1).

Soit parce que le prix offert au vainqueur est plus considérable, la défaite plus difficile à réparer, soit à cause des défiances et des jalousies inhérentes à l'esprit républicain, « les haines des partis sont, dit-il, plus amères, leurs procédés plus violents, leurs résolutions plus désespérées et leur victoire plus abusive ».

Et c'est précisément sous cette forme de gouvernement, où les haines des partis sont plus violentes, où l'on sent plus vivement le besoin d'un arbitre qui prononce entre eux, qu'il devient le plus difficile de découvrir cette autorité neutre capable de jouer le rôle modérateur attribué tout naturellement à la Couronne dans la monarchie constitutionnelle. « Car l'exécutif républicain, observe Benjamin Constant, reste trop inféodé aux partis, trop mêlé à leurs querelles, pour exercer une autorité neutre dont la condition première est précisément l'impartialité (2). »

Il en résulte que ce pouvoir modérateur, si nécessaire, manque le plus souvent aux démocraties et que la tyrannie

(1) *La France nouvelle*, p. 140.
(2) Benjamin Constant, *Réflexions sur la Constitution*, p. 8.

de la majorité, plus redoutable en elle-même sous ce gouvernement, y échappe à tout contrôle.

Dès lors qu'une semblable autorité fait défaut, il ne reste plus, pour prévenir les empiétements de la majorité, qu'à lui opposer des barrières, qu'à restreindre à l'avance ses pouvoirs. C'est la constitution qui, en déterminant rigoureusement les limites où sa volonté pourra s'exercer, lui interdira de les franchir, l'endiguera, et ainsi mettra hors d'atteinte les droits inviolables de la minorité.

Mais ces dispositions constitutionnelles, quand elles ne sont pas sanctionnées, ne sont que des préceptes moraux qu'une majorité sans scrupule pourrait méconnaître. Pour qu'elles aient une force réelle, il faut que l'observation en soit imposée au pouvoir législatif lui-même ; il faut qu'il ne soit pas permis à la majorité de les violer, fût-ce même par une loi ; il faut que le statut qui leur serait contraire soit déclaré nul et sans effet.

C'est précisément par un système d'inconstitutionnalité bien organisé que ce résultat sera rendu possible ; et c'est pourquoi le système qui fonctionne aux États-Unis, parce qu'il permet d'écarter la loi contraire au pacte fédéral qui renferme la garantie des droits individuels, est pour la minorité la protection la plus efficace contre les tentatives de la majorité (1).

En même temps il garantit le pays tout entier contre le despotisme des Parlements, qui est toujours à craindre. Ce danger ne se confond pas avec le précédent, car il est possible que l'Assemblée des représentants ne se trouve

(1) « La Cour, disait dans un discours M. Semnes, est la conscience du peuple..... elle est la garantie de la minorité contre les mouvements impétueux de la majorité ».

plus en accord avec l'opinion de la majorité et continue cependant à régner. Ce n'est plus alors la domination qu'une majorité exerce par ses représentants sur la minorité, c'est la tyrannie d'un petit nombre sur un peuple entier, c'est-à-dire la forme la plus illogique et la plus illégitime du despotisme.

Qu'il représente ou non la majorité des citoyens, qu'il agisse d'après les ordres de cette majorité ou, ce qui est encore plus grave, d'après son propre caprice, en autorité souveraine et indépendante, c'est contre l'omnipotence du Parlement qu'est dirigée la Constitution, c'est contre lui qu'elle reçoit effet.

On divise quelquefois cette idée et l'on dit que le système de l'inconstitutionnalité des lois présente un double avantage : il est conforme à la distinction aujourd'hui presque partout admise entre le pouvoir constituant et le pouvoir législatif; il offre en second lieu une protection à la minorité et une garantie aux citoyens contre la tyrannie des Parlements.

On peut même, en analysant un peu plus, reconnaître à ce système un troisième avantage qui résulte du second, comme le second dérive du premier. Garantissant à la minorité les droits qui lui sont essentiels, il empêchera que celle-ci ne fasse appel à la violence. La certitude de ne pouvoir obtenir justice par les procédés légaux finit inévitablement par exaspérer le parti qu'une majorité opprime et le pousse naturellement à user de sa force contre des adversaires qui ont fait abus de la leur. De là des troubles parfois très graves, des révolutions même. La possibilité d'opposer le droit à la force rendra inutile la guerre civile.

De même, le contrôle permanent exercé sur les Parlements, en prévenant toute tyrannie de leur part, rendra sans objet les révoltes des citoyens contre la domination de ces assemblées.

Tels sont les résultats auxquels tendent tous les systèmes d'inconstitutionnalité, tous les procédés imaginés pour assurer le maintien d'une constitution, et dont quelques-uns seulement ont fonctionné.

On aurait donc tort d'en faire honneur au système américain seul. Mais on peut estimer que ce dernier atteint le but cherché plus aisément et plus sûrement que tout autre ; et c'est là précisément le mérite qui lui est propre et qu'il convient d'examiner.

II

1º Déclarer inconstitutionnel un acte législatif est une mesure fort grave. Elle a des conséquences très importantes et intéresse le pays tout entier.

En même temps, la question de savoir si le législatif a dépassé ses pouvoirs est de nature à exciter les passions politiques. Enfin, comme elle est quelquefois très compliquée, il peut être très difficile de la résoudre.

Il eût été incontestablement dangereux de confier cette mission à une assemblée politique, où les passions se seraient donné libre carrière, où des discussions trop vives auraient rendu impossible un examen sérieux et attentif de la question.

C'est l'erreur que commettait Sieyès dans la conception de sa jurie constitutionnaire. Il est probable que celle-ci eût manqué à son rôle, comme tous les corps politiques auxquels une semblable fonction fût attribuée : le collège des censeurs qui se réunissait en Pensylvanie (1) ne rendit jamais les services qu'on en attendait; les Sénats de l'an VIII et du second empire faillirent presque aussi complètement à leurs devoirs.

Seul le système américain, en remettant la solution de la question à un pouvoir neutre, permet qu'elle soit examinée à l'abri des passions politiques, « dans une atmosphère de calme ».

C'est un premier avantage. Il en est d'autres que j'ai déjà signalés.

2° Le juge de l'inconstitutionnalité ne peut pas se saisir d'office de la question; il doit attendre qu'elle lui soit présentée. Il n'est donc nullement chargé de surveiller le législateur ni de vérifier ses actes, mais de répondre aux questions des particuliers sur la validité de la loi. Son intervention, qui ne se manifeste ainsi que discrètement, n'est pas une atteinte à la dignité du corps législatif. Il ne peut entrer en lutte avec les Chambres.

Les questions ne peuvent même lui être posées directement; elles ne peuvent l'être qu'incidemment, à l'occasion d'un litige entre particuliers. « Ce procédé est beaucoup plus lent, dit Sumner Maine, mais il échappe davantage au soupçon de pression et il engendre beaucoup moins de jalousie que n'en provoquerait la soumission de propositions politiques à un corps judiciaire, sous une forme doctrinale inspirée par les besoins du moment (2). »

Enfin la lenteur même du procédé permet aux passions de s'apaiser avant que la solution attendue soit donnée par le juge.

(1) Voir page 12.
(2) *Essais sur le Gouvernement populaire*, p. 313.

C'est là une série d'avantages qui résultent de la façon dont le juge de l'inconstitutionnalité est saisi de la question.

3° La manière dont il neutralise l'effet de la loi inconstitutionnelle n'est pas moins heureuse. Il ne l'annule pas, il l'écarte. Il n'agit donc pas directement sur l'œuvre du législateur, il ne se pose pas en rival du Corps législatif. C'est comme juge, en l'exercice de ses fonctions, dans le procès particulier qui lui est présenté, qu'il refuse d'appliquer la loi.

« On dit couramment que la Cour Suprême peut déclarer nul un acte du Congrès, écrit Dicey, en fait il n'en est rien ; elle examine uniquement si, dans tel litige, il faut donner gain de cause à X, et, pour ce faire, elle peut être appelée à résoudre une question de constitutionnalité. Celui qui n'aperçoit pas l'intérêt de cette distinction montre une grande ignorance de la politique et ne comprend pas combien une cour gagne en autorité à limiter son action aux affaires purement judiciaires (1). »

Il y a donc à ce procédé un double avantage. Il évite les conflits graves qui ne manqueraient pas de se produire entre les pouvoirs législatif et judiciaire, si celui-ci pouvait porter directement la main sur les actes du premier. En permettant aux cours de ne pas s'immiscer trop directement dans la politique, il leur conserve leur crédit et leur autorité.

*
* *

Le système est en résumé la meilleure sauvegarde des

(1) Dicey, The Law Quaterly Review, janv. 1885.

droits individuels et la plus parfaite garantie de la minorité contre les abus de la majorité. La protection qu'elle lui accorde s'exerce de la façon la plus simple et la plus sûre à la fois, sans causer de troubles, sans faire naître de conflits, sans soulever de passions trop vives.

On peut donc s'étonner que ses mérites ne l'aient pas depuis longtemps fait adopter par les pays d'Europe, par ceux d'entre eux tout au moins qui, comme la France, possèdent une constitution écrite.

SECTION II

FAUT-IL APPLIQUER CE SYSTÈME EN FRANCE ?

Lors de la Révolution de 1789 on ne pouvait songer, en France, à adopter le système de l'inconstitutionnalité des lois. Il était connu cependant, bien que l'application en fût encore restreinte et le succès définitif incertain. Mais c'est le principe même du système qui parut dangereux ; ce furent les larges pouvoirs, en partie politiques, qu'il reconnaissait au Judiciaire, qui le firent juger inapplicable.

On craignait alors de voir revivre les Parlements, dont le souvenir était encore récent, et de faire renaître la puissance excessive qu'ils avaient exercée sous la monarchie.

Le droit reconnu aux Parlements de vérifier les ordonnances, qu'ils pouvaient refuser d'enregistrer, avait joint à leurs fonctions judiciaires un pouvoir politique considérable, tel que le roi avait quelquefois dû céder devant eux.

Cette confusion des pouvoirs avait abouti à la constitution de corps tout-puissants.

Il y eut en 1789 une réaction très vive. Elle aboutit, comme il arrive très fréquemment, à un excès en sens opposé, à une application certainement trop rigoureuse du principe de la séparation des pouvoirs. L'Assemblée constituante était animée d'une défiance exagérée contre le pouvoir judiciaire, comme il apparaît par la loi du 16 août 1790 qui porte la trace de cet état d'esprit. On ne se préoccupait alors que de limiter la puissance des juges, et de leur interdire toute ingérence dans la politique. Comment eût-il pu être question d'appliquer un système qui donnait au juge de larges pouvoirs, en lui attribuant un rôle politique ?

En même temps, sous l'influence des idées anglaises, et par l'introduction en France du gouvernement représentatif, la notion se formait de la souveraineté des assemblées politiques, du droit divin des Parlements, a dit Spencer (1).

La souveraineté passe tout entière aux représentants du peuple, qui la leur transmet et ne conserve aucun droit, tel est le dogme alors admis, « la grande superstition » (2) universellement répandue. On ne cherchait donc nullement les moyens de contenir et de limiter les pouvoirs du législatif : ils étaient de leur nature absolus et illimités.

Le système de l'inconstitutionnalité des lois eût été contraire aux principes mêmes du gouvernement.

Mais depuis lors les circonstances ont changé. L'idée

(1) Spencer, ouv. cité, p. 116.
(2) Id.

peu à peu s'est imposée que la souveraineté appartient au peuple seul, qu'il ne l'aliène pas, mais la délègue à ses représentants. Ceux-ci ne peuvent donc l'exercer qu'avec les restrictions qui leur sont imposées. Au delà des limites tracées à leurs pouvoirs, ils ne sont plus les représentants du peuple ; ils cessent de former un corps souverain. C'est dans le cours de ce siècle que ces notions ont pris naissance. « La Révolution nous a rompus au despotisme des Assemblées, et c'est d'hier seulement qu'en France on commence à parler des limites de l'État (1) ».

D'autre part, les craintes qu'inspirait le Judiciaire se sont en partie dissipées. On reconnaît assez généralement aujourd'hui que le principe de la séparation des pouvoirs ne comporte pas toutes les conséquences qu'en avait tirées l'Assemblé Constituante. Nombre d'auteurs sont d'accord pour déclarer notamment que ce principe n'interdit pas au juge d'examiner la validité de la loi. Quelques-uns d'entre eux affirment très nettement que cet examen rentre au contraire dans ses fonctions, qu'il a compétence pour apprécier la constitutionnalité d'un acte législatif, parce que sa mission est de juger toutes les contestations qui naissent à propos de l'interprétation de la loi. C'est la thèse universellement admise par les auteurs américains et qu'ils défendent par des arguments d'une logique incontestable.

Elle s'est introduite en France, et y a trouvé des partisans convaincus.

« La mission du Judiciaire, dit Jousserandot (2), n'est

(1) Edouard Laboulaye, *Questions constitutionnelles*, 2ᵉ édit., p. 387.

(2) *Du pouvoir judiciaire et de son organisation en France*, p. 37.

pas confinée dans les limites du droit privé..... Il a compétence pour les questions de droit public » au même titre que le législatif et l'exécutif, avec cette différence qu'il n'aborde pas de front comme eux les questions dont il a à s'occuper.

Selon Soria di Crispani, le pouvoir judiciaire a bien une double fonction. Il a 1º la garde de nos personnes et de nos biens, et 2º la garde des limites entre les pouvoirs. Cette double fonction lui appartient, naturellement, et par la force même des choses. « Comme, en effet, toutes les opérations impératives ou prohibitives ont besoin de la sanction dont il dispose, toutes doivent lui être soumises tôt ou tard, et il suffit d'un simple refus pour les rendre inutiles. Cette obligation où sont tous les pouvoirs actifs de recourir à lui pour obtenir un moyen coercitif le constitue *juge nécessaire de leurs excès*, par conséquent gardien de leurs limites ». C'est là, suivant l'auteur, un des caractères essentiels du pouvoir judiciaire (1). Cette opinion est partagée par M. Saint-Girons qui l'expose en ces termes très nets :

« La question de la constitutionnalité de la loi est judiciaire puisque la constitution est la loi de tous les pouvoirs publics, la raison d'être de leur existence et la limite de leur action. Et de même que l'autorité judiciaire a le droit de maintenir dans la légalité les règlements administratifs, de même elle doit pouvoir imposer le respect absolu de la Constitution, tant qu'elle existe, aux actes législatifs (2). »

(1) Soria di Crispani, *Philosophie du Droit public*, t. IX, p. 119, cité par Jousserandot.

(2) Saint-Girons, *Manuel de droit constitutionnel*, 2ᵉ édit., p. 579 et s.

Ce sont là les arguments mêmes par lesquels les auteurs américains justifient leur système (1). Ils ont été fort critiqués. Ils me paraissent irréfutables.

Quoi qu'il en soit, il est assurément intéressant de noter les progrès de cette théorie (2) et de constater qu'elle a aujourd'hui beaucoup de défenseurs.

Des deux principes qui empêchaient l'introduction du système américain en France, l'un, la souveraineté des assemblées politiques, est à peu près complètement abandonné, l'autre, celui de la séparation des pouvoirs, toujours respecté, n'est plus considéré, par beaucoup d'auteurs, comme un obstacle à l'adoption de ce système.

Il était dès lors logique, de la part de ces derniers auteurs tout au moins, de songer à l'introduire en France. Déjà plusieurs propositions en ce sens ont été présentées. On a fait ressortir qu'il serait désirable de voir ce système fonctionner en France, que, si même il l'avait été plus tôt, il y eût assuré le bon ordre et empêché sans doute bien des troubles dans le cours du siècle. Si, dit-on, les tribunaux avaient pu donner incidemment leur avis sur la validité des ordonnances de 1830 et sur la question des banquets en 1848, deux révolutions auraient probablement été évitées (3). Aujourd'hui, bien que la Constitution de

(1) V. chap. Ier, section 2.

(2) Soutenue aussi par Auguste Rieu, *Du Pouvoir judiciaire dans le canton de Vaud* ; Morizot-Thibault, *De la formation du Pouvoir législatif dans la Constitution des Etats - Unis d'Amérique* et *De l'organisation du Pouvoir législatif dans la Constitution de l'an III*.

(3) Jousserandot, *Du Pouvoir judiciaire et de son organisation en France*, p. 33.

1875 ne garantisse pas expressément les droits individuels, il ne serait pas sans intérêt d'en confier la garde au pouvoir judiciaire, puisqu'elle est la base de notre organisation politique actuelle, et l'on conclut très logiquement qu'il faut reconnaître au juge le droit d'apprécier la constitutionnalité des lois : on ne fera ainsi qu'importer en France un système appliqué depuis plus d'un siècle par une démocratie, et dont l'épreuve a révélé les avantages incontestables.

Nul doute qu'il ne produise en France les mêmes effets qu'en Amérique.

Il me semble qu'il y a là une grave erreur, non pas peut-être dans la conclusion, mais dans l'ensemble du raisonnement. S'il est en effet permis de penser que ce système, appliqué en France, y fonctionnerait aussi heureusement qu'aux États-Unis, il est faux de croire qu'il consiste uniquement dans les larges pouvoirs qu'il reconnaît aux juges.

Quand on confierait aux tribunaux français le rôle constitutionnel que remplissent les cours des États-Unis, on n'aurait pas pour cela introduit en France le système américain de l'inconstitutionnalité des lois.

Les larges pouvoirs du Judiciaire forment, il est vrai, la base même du système. C'en est la partie fondamentale, essentielle ; ce n'est pas tout le système. C'est le trait principal qui se dessine en relief, qui apparaît tout seul au premier coup d'œil ; et c'est pourquoi beaucoup d'auteurs ont jugé que c'était le trait unique.

Sans doute on dit couramment que le système américain consiste dans le droit pour le juge d'écarter la loi inconstitutionnelle. Mais c'est là une définition, un résumé du système, qui n'en indique que la caractéristique. Ce n'est pas un exposé. Quand on dit que le système qui régit les rapports de l'Église et de l'État aux États-Unis est celui de la séparation, on n'en a donné qu'une idée très vague, on l'a tout au plus caractérisé d'un mot, on ne l'a pas fait connaître ; car il comporte en réalité une infinité de détails. Il en est un peu de même du système de l'inconstitutionnalité des lois. En résumé, il apparaît très net ; dans son ensemble, il est des plus complexes.

C'est, si l'on veut, une machine dont le fonctionnement est fort simple, mais qui comporte des rouages nombreux ; on ne les distingue pas toujours, ils sont cependant indispensables.

Ce système de l'inconstitutionnalité, ce n'est pas seulement le droit reconnu au juge d'apprécier la validité de la loi qui le constitue, c'est aussi la manière dont le juge exerce ce droit, c'est l'inamovibilité des magistrats, c'est l'impeachment. Tous ces éléments se combinent dans le système, et tous sont nécessaires à son fonctionnement.

Qu'on reconnaisse au juge le droit d'examiner l'acte législatif, en lui permettant de se saisir d'office de la question de constitutionnalité, qu'on donne ce droit à des juges révocables *ad nutum* ou au contraire à des magistrats tout à fait indépendants et inviolables, le système sera faussé ou, pour mieux dire, ce ne sera plus le système américain. C'en sera une copie, faite d'éléments empruntés, et qui n'aura rien de l'harmonie du modèle.

Si l'on veut appliquer le système en France, il faut l'appliquer tout entier. En accordant au juge les larges pouvoirs qu'il lui reconnaît, il ne faut en permettre l'exercice que dans les conditions que le système établit, il faut appliquer les correctifs, admettre les freins et les contre-poids qui sont aux États-Unis les garanties d'un bon fonctionnement.

C'est ce que Tocqueville comprenait parfaitement, parce qu'il avait fait du système une étude très complète. A l'époque où il écrivait, le gouvernement reposait en France sur une constitution immuable. Le droit pour le peuple de changer sa constitution, qui aux États-Unis sert de frein très puissant contre le pouvoir des juges, faisait donc en France totalement défaut. Tocqueville en concluait très logiquement que le pouvoir des juges d'apprécier la loi ne pourrait s'y exercer sans danger. « En France, écrivait-il en effet, la Constitution est également la première des lois et les juges ont un droit égal à la prendre pour base de leurs arrêts ; mais en exerçant ce droit, ils ne pourraient manquer d'empiéter sur un autre plus sacré encore que le leur, celui de la société au nom de laquelle ils agissent. »

« En Amérique où la nation peut toujours, en changeant sa Constitution, réduire les magistrats à l'obéissance, un semblable danger n'est pas à craindre (1). »

Rien n'est plus juste, et rien ne prouve plus clairement que l'absence d'un des éléments du système suffit pour en compromettre les heureux effets.

C'est ce que n'ont nullement saisi la plupart des auteurs qui proposèrent l'introduction en Europe du système américain.

Beaucoup de partisans de ce système voudraient, pour éviter la simulation des procès rendue nécessaire aux États-Unis par l'incertitude des lois, qu'il fût possible de

---

(1) De Tocqueville, *De la démocratie en Amérique*, 1850, p. 122.

V. la même idée dans Jousserandot, *Du Pouvoir judiciaire et de son organisation en France*, p. 33 et p. 44.

soumettre directement la question de constitutionnalité
aux juges, en dehors de tout litige. « C'est à une annulation de ce genre que pense l'étranger, dit Sumner Maine,
quand il rêve une cour de justice chargée de décider sur
les prétendues violations d'une règle ou d'un principe constituant (1)» .

Il est à peine besoin de faire remarquer que le
système américain serait ainsi presque complètement
dénaturé.

Aussi, propose-t-on plus généralement de ne permettre
au juge d'apprécier la constitutionnalité que dans les conditions où cette fonction lui est reconnue aux États-Unis.
Mais on oublie que l'organisation judiciaire n'est pas la
même en France qu'en Amérique et que les garanties
qu'on rencontre aux États-Unis ne se retrouvent plus chez
nous.

La mission qui, dans ce système, revient au Judiciaire
ne peut être confiée sûrement qu'à des magistrats indépendants ; d'autre part, c'est permettre à ces derniers
toutes les usurpations et tous les abus que de les placer au
dessus de tout contrôle et de toute juridiction. L'impeachment et les larges pouvoirs du Législatif sur le Judiciaire
préviennent ces dangers. Y aurait-il en France des moyens
d'écarter le péril ?

Sans doute, le pouvoir exécutif a une prise sur le judiciaire ; mais cette prise, insuffisante par certains côtés,
est destructive de l'indépendance des juges. Elle consiste,
en effet, dans le droit pour l'exécutif de régler l'avancement des magistrats ; c'est-à-dire d'empêcher ceux qui lui
sont hostiles ou simplement suspects de parvenir à de plus

____

(1) Sumner Maine, ouv. cité, p. 313.

hautes fonctions. Nous sommes loin de l'organisation judiciaire des États-Unis, qui interdit l'augmentation de traitement, qui ne permet au juge aucun avancement, « parce qu'il est au faîte et ne peut monter plus haut ».

Dans l'Union, comme en Angleterre, le juge a, par là même, une indépendance suprème. « Ni la crainte, ni l'espoir, ces deux aiguillons de toute la vie humaine, ne peuvent atteindre jusqu'à lui. Une fois assis sur son siège, il sait qu'il y mourra; c'est un prêtre de la justice, étranger à la politique (1) ». Il en est, en France, tout autrement. Toutes nos constitutions ont admis, il est vrai, que le Judiciaire devait être un département distinct et séparé des deux autres.

Mais elles semblent n'avoir vu dans ce principe autre chose que l'interdiction pour le pouvoir exécutif ou le corps législatif d'exercer les fonctions judiciaires.

Le véritable problème à résoudre est d'assurer à la magistrature une complète indépendance. « Nulle influence politique ne doit entrer dans le sanctuaire. La justice ne relève que d'elle-même, elle n'est pas une indépendance, mais une part de la souveraineté (2) ».

Le problème aujourd'hui n'est nullement résolu. Par le moyen de l'avancement, les juges en France restent, durant toute leur carrière, sous la dépendance, dans la main de l'Exécutif. L'organisation actuelle n'offre qu'une garantie apparente d'indépendance et d'impartialité (3). Car

(1) Edouard Laboulaye, *Le parti libéral*, 8e édition, p. 230.

(2) C. Laboulaye, *id.*

(3) Benj. Constant, *Commentaire sur Filangieri*, IIIe partie, chap. I, cité par Laboulaye.

« dès qu'il y a possibilité d'avancement, l'inamovibilité est illusoire ».

En fait elle se trouve supprimée et l'on a pu dire avec raison que les juges étaient en France révocables « par avance ».

Des partisans de l'introduction du système américain, seul peut être Jousserandot a très bien vu le danger de cette situation. « Il n'y a pas, dit-il, en France, de pouvoir judiciaire. » Les juges ne sont que des agents du pouvoir exécutif, la justice n'est que déléguée.

Mais ce qu'il propose comme remède, c'est l'élection des magistrats, avec des pouvoirs de très courte durée (1). Ce qu'il préconise, en un mot, c'est le système tel qu'il fonctionne dans les États.

J'ai indiqué les inconvénients de l'élection des juges. Je ne crois pas que ce mode de nomination puisse jamais donner de bons résultats. Les dangers qu'il présente pour l'administration même de la justice apparaissent beaucoup plus marqués dès qu'on fait jouer au juge un rôle en partie politique. Les conséquences fâcheuses qu'il a produites dans les États particuliers d'Amérique devraient à elles seules le faire condamner. Elles m'ont permis d'affirmer qu'il nuisait dans ces États à la perfection du système de l'inconstitutionnalité et qu'il en rendait le fonctionnement beaucoup moins régulier que dans l'Union. Laboulaye l'a dit très nettement : « Mettre le juge dans la main du peuple, c'est le soustraire à l'action du gouvernement, ce n'est pas le rendre indépendant (2).

----

(1) Jousserandot, *Du pouvoir judiciaire et de son organisation en France*.

(2) E. Laboulaye, *Le parti libéral*, 8e édition, p. 229.

*
* *

Si donc on voulait introduire le système américain en France, je crois qu'il faudrait l'y appliquer tel qu'il fonctionne dans l'Union.

Il ne suffirait pas de reconnaître au juge français le pouvoir d'apprécier la constitutionnalité de la loi; il faudrait prendre toutes les mesures en vigueur aux États-Unis pour permettre un exercice indépendant de ce pouvoir, en arrêter les excès possibles, en punir les abus.

Pour créer une machine qui fonctionne aussi parfaitement que celle que l'on prend pour modèle, il faut reproduire celle-ci avec exactitude, sans oublier aucune des pièces qui la composent; de même si l'on veut copier le système américain de l'inconstitutionnalité des lois, pour en obtenir les heureux effets, il ne faut laisser de côté aucun des traits qui le caractérisent.

Toutes ces dispositions, qui semblent n'être que des accessoires du système, sont des éléments indispensables à son bon fonctionnement. On peut appliquer le système dans les pays d'Europe, mais il faut en transporter en même temps tous les éléments, sinon le résultat sera faussé.

Vu : le Doyen,   Vu : le Président,
GLASSON.   CHAVEGRIN.

Vu et permis d'imprimer :
Le Vice-Recteur de l'Académie de Paris :
GRÉARD.

BIBLIOGRAPHIE

Anson (Sir William Reynel). —The law and custom of the Constitution (Oxford, 1886-1892).

Bryce (James). — The american ¡Commonwealth (New-York, 1896).

Calhoun. — Adresse prononcée à Fort-Hill, le 26 juillet 1831. Dans « The Virginia and Kentucky Resolutions of 1798 and 1799 », publiées par Jonathan Elliot (Washington, 1831).

Chambrun (de). — Le Pouvoir exécutif aux États-Unis (Paris, 1896).

Cooley (Thomas M.). — A Treatise on the constitutional limitations which rest upon the legislative power of the States of the American Union (Boston, 1868).

— The Federal Supreme Court. Dans « Course of lectures before the political science association of the University of Michigan. »

Dicey (Albert Venn). - Introduction to the study of the law of the Constitution (London, 1897).

— Article de la Law quaterly Review, janv. 1889.

Duguit et Monnier. — Les Constitutions et les principales lois politiques de la France depuis 1789 (Paris, 1898).

Elliot (Jonathan). — The Debates, Resolutions and others proceedings in Convention on the adoption of the Federal Constitution (Washington, 1830).

Esmein. — Éléments de Droit constitutionnel (Paris, 1899).

— Cours d'histoire du droit public français à la Faculté de droit de Paris (1897-98).

The Federalist. — On the new Constitution, écrit en 1788, par Hamilton, Jay, Madison (Philadelphia, 1817).

Grœley (Horace). — The American Conflict. A history of the Great Rebellion in the United States of America (Hartford, 1864).

Hampton L. Carson. — The supreme Court of the United States; its history (Philadelphia, 1891).

Henry Wade Rogers. — Introduction to the Constitutional History of the United States. Dans « Course of Lectures before the political science association of the University of Michigan. »

Hitchkock. — Dans « Course of Lectures before the political science association of the University of Michigan. »

Jousserandot. — Du pouvoir judiciaire et de son organisation en France (Paris, 1878).

Kent (James). — Commentaries on American Law (Boston, 1873).

Kent (Charles A.). — Dans « Course of Lectures before the political science association of the University of Michigan ».

Larnaude. — Cours de droit public à la Faculté de droit de Paris (1897-98).

Lieber (Franz). — On civil Liberty and Self government (London, 1893).

—   Political Ethics.

Loring (Caleb-William). — Nullification, Secession. Webster's argument and the Kentucky and Virginia Resolutions considered in reference to the constitution and historically (New-York, 1853).

Marshall (John). — On the Federal Constitution (Boston, 1839).

Morizot-Thibault (Ch.). — De la formation du Pouvoir législatif dans la Constitution des États Unis d'Amérique (Paris, 1887).

—   De l'organisation du Pouvoir législatif dans la Constitution de l'an III (Paris, 1889).

Noailles (de). — Cent ans de République aux États-Unis (Paris, 1889).

Mc Pherson. — History of the Rebellion.

Story (Joseph). — Commentaries on the Constitution of the United States (Boston, 1833).

Sumner Maine (Sir Henry). — Essais sur le gouvernement populaire, traduction française (Paris, 1887).

Walker (James M.). — The Theory of the Common Law (Boston, 1852).

Walker (Timothy). – Introduction to American Law (Philadelphia, 1837).

Webster. — On the independence of the judiciary works.

Woodrow Wilson. — Congressional government (a study in American politics) (Boston, 1889).

TABLE DES MATIÈRES

INTRODUCTION 1

CHAPITRE I. — *Les Origines du Système*. 15
    Section I. Origine historique. 15
    Section II. Origine théorique 51

CHAPITRE II. — *Fonctionnement du Système* 76
    Section I. Conditions 76
    Section II. Effets 112

CHAPITRE III. — *Les Correctifs du Système*. 141
    Section I. Remède à l'incertitude des lois. . . . 142
    Section II. Freins et contrepoids 148

CHAPITRE IV. — *Appréciation du Système* 172
    Section I. Utilité et avantages. 172
    Section II. Faut-il appliquer le système en France ? 185

BIBLIOGRAPHIE 197

AR. ROUSSEAU, IMPRIMEUR-ÉDITEUR — PARIS